내것이 아닙니다

소중한 _____ 님께 드립니다.

내것이
아닙니다

내것이 아닙니다

초판 1쇄 인쇄 2014년 9월 25일
초판 1쇄 발행 2014년 10월 6일
초판 2쇄 발행 2014년 10월 10일

지은이   이승아
펴낸이   임충배
펴낸곳   도서출판 삼육오 (PUB.365)
디자인   이지윤
삽화   박준태
제작   (주)피앤엠123

출판신고 2014년 4월 3일
등록번호 제406-2014-000035호

경기도 파주시 산남로 183-25
TEL (031)946-3196 FAX (031)946-3171
홈페이지   www.wapo.kr

ISBN 979-11-952757-3-1 13230
Copyright©2014 by PUB.365

· 저자와 출판사의 허락없이 내용의 일부를 인용하거나 발췌하는 것을 금합니다.
· 저자와의 협의에 의하여 인지는 붙이지 않습니다.
· 가격은 뒤표지에 있습니다.
· 잘못 만들어진 책은 구입처에서 바꾸어 드립니다.

이 도서의 국립중앙도서관 출판시도서목록(CIP)은 서지정보유통지원시스템 홈페이지(http://seoji.nl.go.kr)와
국가자료공동목록시스템(http://www.nl.go.kr/kolisnet)에서 이용하실 수 있습니다. (CIP제어번호: CIP2014024966)

내 것이 아닙니다

이승아 지음

Pub.365

prologue

오래 전에 배우 정선경이, 엉덩이가 예쁜 여자라는 닉네임을 내걸고 「너에게 나를 보낸다」는 영화에 첫 출연을 했어요.
그 당시 대학생이었던 화니와 저는 그 야한(?) 영화를 같이 보러 가게 되었는데요.
그때 우리 화니가 그러더군요.

"우와, 이제 세상에서 두 번째로 이쁜 엉덩이를 볼 수 있겠구나!!!"

전 너무나 궁금해서 물었습니다.

"두 번째로 이쁜 엉덩이? 그럼 세상에서 젤 이쁜 엉덩이를 갖고 있는 사람이 누군데???"

변죽 좋은 우리 화니... 얼굴색 하나 안 변하고 이렇게 말하더군요.
"당연히 우리 자기지!!! (바로 나...)"

전 탑 모델이나 영화배우의 이름을 기대했다가 화니의 정말 엉뚱한 대답을 듣고 까르르 웃어대기 시작했습니다.
"으이그... 이 립 서비스 대 마왕아!!!" 라며 화니를 흘겨 보는 것도 잊지 않았구요.

그래도 그 소리가 참 듣기 좋았나 봅니다.
건망증이 무지 심한 제가 20년도 지난 그 얘기를 아직도 잊지 않고 있는 걸 보면요.

추억이라는 건 참으로 소중한 친구 같습니다.
대학교 3학년 때 처음 만나 6년을 연인으로 지내고 17년을 부부로 지낸 우리... 화니와 나에겐 함께 공유하는 기억들이 너무나 많네요.

먼 훗날 먼 먼 훗날...
호호백발 할머니, 할아버지가 되어 우리들의 옛 추억을 하나씩 들춰 보자고 약속했던 사랑하는 화니는 지금 제 곁에 없어요.
언제나 변함없이 그 환한 웃음으로 나를 비춰주길, 건강한 모습으로 내 옆을 지켜주길 간절히 하나님께 기도했었는데 말이죠!

이제 저는 화니가 없는 세상에 홀로 남아 내 남편, 화니와의 17년을 이야기하려 합니다.
미소가 참 아름다웠던, 삶을 치열하게 살았던, 한 여자의 전부였던 남자에 대한 이야기를요.

이제 잠시 제 친구가 되어 저와 그 남자의 이야기에 귀 기울여 주시지 않겠어요?

인생은 한 권의 책과 같다.
어리석은 이는 그것을 마구 넘겨 버리지만, 현명한 이는 열심히 읽는다.
인생은 단 한 번만 읽을 수 있다는 것을
알기 때문이다.

⁣⁣⁣⁣ 상 파울

contents

프롤로그 4

만남

첫 만남 14
운명의 하숙집 19
나 이제 많이 늙었나 보다... 23
나에게도 남편이 있으면 좋겠다. 27
남편의 핸드폰 31
나는야 꿀단지... 35
2010. 12. 14. 내 남자의 생일에... 39
남편의 십계명 43
다시 태어난다면 당신은? 48

투병

어느 날 갑자기 56
행복한 남자, 행복한 여자 61
너무 많은 사랑의 빚 65
힘내세요...
당신은 할 수 있어요!!! 70
5월 맞이 성가대 복귀 76
지금 만나러 갑니다. 81
하프타임 - 인생의 절반 85
남편이 울어요... 89
그래도 포기는 없다. 93
2013년 9월 21일
요양병원에서의 마지막 밤에... 100
내 것이 아닙니다. 106
10월 6일 마지막 여행 113

이별 그 후...

남편 없이 살아가기... *126*

선물 *135*

그 남자 그 여자의 이야기 *144*

아들아 쏘리!!! 하나님 땡큐!!! *155*

별에서 온 그대, 별로 떠난 그대... *162*

주인에게 돌아가다. *168*

짝 *172*

감사의 조건 *179*

가족은 나의 힘!!! *187*

행복한 부자~ *192*

가장 듣고 싶은 말, 가장 하고 싶은 말 *198*

여행을 떠나다. *202*

이별의 5단계 *207*

니가 없는 내일의 세상 *215*

에필로그

이별... 일년 후... *219*

첫 번째 이야기

만남

첫 만남

스물하고도 둘이던 그 풋풋했던 대학 3학년 여름에 이대생이었던 저는 친한 언니와 함께 연대생들이 우글거리는 신촌 하숙집으로 입성하기로 결심했어요.
제가 하숙하고 있던 이대 후문의 하숙집이 남학생 전용의 하숙집으로 바뀌었기 때문이랍니다.

하숙집의 가장 중요한 덕목은 주인아주머니의 요리 솜씨와 키 크고 멋진 남학생들이라 생각했던 저는 열심히 수소문해서 신촌의 킹카들이 가장 많이 모여 있다는 하숙집을 찾아냈어요!!!
근데... 이게 웬일!!!
그 하숙집으로 옮기기로 한 디데이 전날, 하숙집 아주머니에게서 전화가 왔는데요.
원래 나가기로 했던 학생이 한 달간 더 머무르기로 했다며 바로 옆에 있던 다른 하숙집을 추천해 주시지 뭐예요?
그래서 저는 하숙집에 대한 아무런 정보도 없이 선배 언니와 함께

울며 겨자 먹기로 그 운명의 하숙집에 들어가게 되었답니다.
하하하...
지금 생각해 보면 그 시간에도 하나님의 손길이 저를 열심히 인도하고 계셨나 봐요.
제 반쪽이를 만나게 해 주시려구요. ^^

참... 아직도 제가 이사하던 날의 실망을 잊을 수가 없네요.
비록 제가 원하던 슈퍼 울트라 킹카 하숙집은 아닐지라도 멋진 앞가리마 연대생들이 우글댈 것이라 기대하며 이삿짐을 옮기고 있었건만, 하필 그때 땅바닥에 붙은 남자애 둘이 우리 앞을 얼쩡대더군요. 그중에서도 좀 더 처져 보이던 한 명이 감사하게도 내 영원한 하니... 환이였답니다.
네... 그 운명의 하숙집에서 환이(화니)와 저는 만나게 되었습니다.

저요...
지금은 독실한 크리스천으로 두 아이의 엄마로 조신하게 지내고 있지만요.
대학교 때까지는 유명한 날라리였답니다.
1990년대 초... 아무도 찢어진 청바지를 입고 다니지 않을 때부터 노랑머리 휘날리며 찢어진 청바지를 입고 신촌을 활보하며 다녔으니까요.

점잖으신 우리 하숙집 아저씨, 아줌마는 제 선배 언니와 절 우짜든둥 쫓아내려고 애썼다는 후문이 있습니다.
그 전날 무도장에서 날 밤샌 관계로 오전 수업엔 절대 안 들어가고 빨갛고 기다란 손톱으로 느지막이 아침 수저를 놀리던 절 그 순박하신 분들이 감당할 수가 없었던 거죠.
물론 그분들도 나중엔 절 친딸처럼 예뻐해 주셨답니다.
먹는 것 하나만큼은 제가 무지 맛있게 잘 먹었으니까요.
하숙집 아주머니에게 사랑받는 비결은 뭐든 맛있게 잘 먹는 거라는 걸 그때 처음으로 깨달았네요. ^^

아 그런데 말이죠!!!
그때나 지금이나 제가 변하지 않은 게 하나 있다면, 그건 바로 공주병이었어요!
전 우리 화니가 나한테 뿅 가서 우리 방에 뻔질나게 드나드는 줄 알았는데 나중에 보니 강수지를 축소해 놓은 듯한 제 선배 언니 때문이지 뭐에요?

사실 전 그 집으로 이사한 뒤에도 몇 달간은 거의 집에 붙어있지 않았어요.
밥 사주고 술 사주는 오빠들이 어찌나 많던지 늘 새벽이 되어서야 하숙집으로 들어왔었고 혼자서 방바닥을 긁고 있던 제 선배 언니와 화니가 그새를 틈타 같이 떡볶이도 사 먹고 치킨도 사서 먹고 하면서 친해지게 되었던 거죠.

그러던 어느 날 갑자기 내 주위의 많은 남자들이 전부 사라져 버린 기이한 일이 생겼고, 그래서 전 할 수 없이 하숙집에 일찍 들어오게 되었습니다.
그러자 술 먹고 늦게 다니지 말라고 훈계하던 오빠들이 서로 술 사주겠다고 친한 척을 하는 거였어요.
밤이면 밤마다 계속되는 그 하숙집 술자리를 통해 그 모임에 한 번도 빠지지 않고 늘 끝까지 남아 있던 화니를 전 처음으로 눈여겨보게 되었습니다.

"저거 진짜 빈대 아냐???" 라구요...

모든 사랑의 끝에는
영롱한 사람에게 굿나잇 키스를 하게 된다.

IIII 앤디 워홀(*Andy Warhol*)

만남

운명의 하숙집

운명의 그 하숙집에서 우리 화니와 나의 이야기가 시작되었지만요.
그 후 몇 년이 지날 때까지도 화니는 내 인생의 주인공이 될 수 없었습니다.
제게는 대학 1학년 때 소개팅으로 만났던 멋진 남자친구가 있었거든요.

압구정동 현대 아파트에 살고 이대 메이퀸이었던 엄마와 옥스퍼드 대학 출신의 아버지 사이에서 유복하게 자랐던 내 남자친구는 얼굴과 허벅지가 나보다 작았다는 점을 제외하고는 모든 것이 완벽했었답니다!
내 화려했던 대학 시절, 100번이 훨씬 넘는 미팅과 소개팅의 역사 속에서도 꿋꿋이 살아남았던 이 남자친구 때문에 우리 화니는 몇 년간 마음고생을 해야만 했지요.
물론 아까도 말했다시피 화니가 처음부터 저를 좋아했던 것은 아닙니다.
(당연히 그러리라 믿었던 것은 다 제 병에서 비롯된 것이었습니다.)

잠깐 동안 제 룸메이트 언니의 청순함과 귀여움에 끌렸던 화니는 나를 날라리 앞방 여자로밖에 보지 않았던 거 같습니다.
그러나 그놈의 정이 무언지 밤마다 계속되는 하숙집 술 파티에 늘 끝까지 남아있던 우리 두 사람은 어느덧 눈이 맞아 버리고 말았습니다.

술의 힘이란 정말 무서운 겁니다!
저요... 제가 키가 작아서요...
키 큰 남자들만 눈에 들어왔답니다. ^^;
175센티 이하의 남자들은 쳐다보지도 않았습니다.
그런데 우리 화니요... 키가 170도 안 된답니다.
제가 우리 화니 무지 사랑했지만요.
늘 화니가 키가 크면 얼마나 좋을까 생각했었답니다.

그런데 하숙집 멤버들끼리 술 진창 먹은 어느 날
술에 취한 화니와 전 그만 운명의 첫 키스를 하게 되었어요.
내 남자 친구와 제 사이가 약간 소원해진 것을 틈타 우리 화니가 그 사이를 비집고 들어온 것이었지요.
흠흠...

그리고 그 뒤 몇 년간 화니와 남자친구 사이를 오락가락하던 저는 중대한 결정을 내렸답니다.
그게... 참...
우리 화니가 나 없으면 죽을 거 같이 불쌍해 보였었는지 아니면 내가 이 남자랑 살면 죽는 날까지 여왕 대접받을 수 있을 거 같다는 영악한 계산 때문이었는지...
그것도 아니면 저 위에 계시는 분의 위대한 각본 때문이었는지...

전 어쨌든 5년을 사귀었던(그중에 2년은 양다리였지만요...^^;) 남자친구를 버리고 우리 화니를 선택했습니다.
그건 정말 제가 이 세상에 태어나서 한 일 중 제일 멋진 선택이었습니다.

지금도 가끔 생각해 봅니다.
'우리 화니가 꼬질꼬질해서... 키가 작아서... 여드름 자국이 많아서... 그때 내가 다른 길을 선택했다면 난 평생 우리 화니를 그리며 살고 있지 않았을까?' 라구요.

네... 그렇게 해서 화니와 저는 이 험한 세상에 서로를 지켜 줄 가장 좋은 친구가 되었습니다.
영혼을 비춰 주는, 서로의 짐을 대신 짊어질 가장 좋은 친구가요.

우정이 바탕이 되지 않는 모든 사랑은
모래 위에 지은 집과 같다.

|||| 엘라 휠러 윌콕스(*Ella Wheeler Wilcox*)

나 이제 많이 늙었나 보다...

예전에 우리 화니는 신촌에서 같이 하숙하던 시절, 두세 개의 과외를 하느라 늘 바빴어요!
전 써머 스쿨 핑계로 방학인데도 부산 집에 안 내려가고 하숙집에서 빈둥거리며 놀고 있었는데 말이지요.
그때의 신촌은 밤이 너무나 길었답니다... 내 젊음도 무척 지루했구요.

하지만 치열하게 살아가던 우리 화니는 앞방 여자 친구인 나를 위해 기꺼이 시간을 할애해 주었어요.
컴퓨터로 삼국지도 같이하고, 꼼장어도 먹으러 다니고, 신촌의 휘영청 밝은 밤거리를 저와 함께 열심히 쏘다녀 주었습니다.
그러다 밤을 꼴딱 새운 뒤 새벽 공기를 가르며 수학 과외를 하러 갔었지요. 불광동으로...

그동안 전 느지막이 늦잠을 자고 나서 피곤함에 지쳐 돌아온 우리

화니에게 천연덕스럽게 요구했어요. 또 같이 놀아달라고!!!
그때의 우리에겐 젊음이 있었나 봅니다. ^^

몇 년 전, 기다리고 기다리던 현충일 연휴에 사랑하는 나의 화니는 내 하나밖에 없는 남동생이랑 밤새 술을 마시고 들어와서는 현충일 오전 내내 잠에서 깨어나지 못했어요.

그 새 10년이 훌쩍 지났네요.
밤을 아무리 새워 술을 마셔도 끄떡없던 스물 몇 살 그 청년은 사라지고, 술을 못 이기는 중년의 아저씨만 남은 걸 보면요!
하긴 그 무렵부터 우리 화니의 새까만 머리에도 흰머리가 하나 둘씩 눈에 띄기 시작하더라구요.
유난히 새치가 심한 친정 부모님 덕에 나도 흰머리가 많은 편이긴 하지만, 내 흰머리는 하나도 안 슬픈데 우리 화니의 흰머리는 늘 내 눈을 시리게 만들었어요.

그러고 보면, 세월은 많은 것을 변화시킵니다.
예전의 당당하고 못돼먹은 공주병 여학생도, 늘 남편을 달달 볶던 철없는 아내도 점점 희미해져 가는 걸 보면요.
예전 같으면 공휴일 오전 내내 술독에 빠져 정신을 못 차리는 남편을 결코 용서할 수 없었을 텐데, 삼십 대 중반을 넘어서면서 전 화니의 쓸쓸한 등짝이 마음 아프기 시작했어요.

모 CF에서처럼 우리 가족을 자기의 어깨에 지고 살아가는 화니의 고단함을 조금이나마 알겠기에 전 점점 화니가 불쌍해 보였습니다.

아이들을 키우면서 처음 몇 년간은 남편이 회사에서 일하느라 매일 늦게 퇴근한다고 얼마나 바가지를 긁었나 몰라요.
하지만 저도 나이가 들어가더군요. 철이 들어가더군요.
남편이 가엾게 느껴지기 시작했으니까요.
여전히 남편을 돌쇠처럼 부려 먹는 마나님으로 사는 저였지만, 제 마음속에선 서서히 남편에 대한 고마움과 미안함이 커져가고 있었습니다.

네... 저는 그렇게 자라고 있었나 봅니다.
아니 늙어가고 있었나 봅니다. ^^

인생은
스스로 되풀이 해면서
변화하는 모습의 연속이 아닐까?

|||| 앤디 워홀(*Andy Warhol*)

나에게도 남편이 있으면 좋겠다.

나에게도 남편이 있으면 좋겠다...
휴가 중에 열심히 차를 타고 고속도로를 달리는데 SES의
바다가 이 비슷한 제목의 노래를 부르더라구요.
그 노래를 들으며 저는 가슴이 너무 뿌듯했습니다.
내 바로 옆에는 사랑하는 남편이 가족을 위해서 열심히 운전하고
있었으니까요.

조숙했던(?) 학창시절, 전 유난히 시집을 일찍 가고 싶어 했습니다.
고등학교 때부터 내 미래의 남편을 꿈꿔 왔으니까요. ^^;;;
밤마다 남편이 팔베개를 해주면 얼마나 좋을까...
이런 엉큼한(?) 생각을 하며 학창 시절을 보내었지요

서울로 유학(?) 와서 신촌에서 하숙하던 그 시절...
내 인생에서 끗발 날리던 그 시절...
전 호시탐탐 내 남편 될 사람을 열심히 물색하곤 했습니다.

사실 공부는 뒷전이고 연애가 우선이었던 참으로 부끄러운 시절이었지요. ^^;;;

어쨌거나 뭐 그 시간들을 통해 제 남편을 만난 게 성과라면 성과겠네요.
(비록 제가 꿈꾸던 180센티의 훤칠한 미남은 아니었지만요!!!)

제겐 남편이 있었어요.
힘든 일상 속에서 어렵게 얻은 휴가 기간을 자신만의 휴가가 아닌 가족과 와이프를 위해 쓸 줄 아는 남편이요.
가끔씩은 아침밥과 김치찌개를 해놓고 출근하는 그런 남편이요.
뼈 약한 마누라가 비타민이랑 칼슘제를 꼬박꼬박 챙겨 먹고 있는지 수시로 확인해 주는 그런 남편이요.
오랜만에 먹는 조개구이에 눈이 먼 아내를 위해 자기는 먹지 않고 열심히 조개를 구워 줄 줄 아는 그런 남편이요.
사십이 훌쩍 넘은 와이프가 업어달라고 졸라도 사양하지 않고 업어 줄 수 있는 그런 남편이요.
주말마다 집에서 편히 쉬고 싶을 텐데 쇼핑 좋아하는 아내를 위해서 여기저기 따라 다녀주는 그런 남편이요.

눈가에 주름이 하나둘 생기기 시작하는 마누라에게 여전히 18세 같다고 추켜세워줄 줄 아는 그런 남편이요.
자기는 하늘이 내게 준 선물이라고 닭살스런 문자를 날릴 줄 아는 그런 남편이요.
처가 식구들에게 마누라보다 곰살궂게 굴 줄 아는 그런 남편이요.
주고 주고 또 주면서 늘 미안하다 고생한다 말해 줄 줄 아는 그런 남편이요.
시댁에 가서도 꿋꿋하게(?) 설거지를 도와줄 줄 아는 그런 남편이요.

'자기는 나 없으면 못 살어.' 라는 말도 안 되는 자신감(?)을 갖게 해주는 그런 남편이요.
내가 낳은 아이들을 목숨보다도 사랑해 줄 줄 아는 그런 남편이요.
외식할 땐 마눌이 편히 먹을 수 있도록 늘 아이들을 옆에 끼고 있어 주는 그런 남편이요.
딸내미보담 마누라가 더 이쁘다고 아부성 멘트를 날릴 줄 아는 그런 남편이요.

마누라 편히 자라고 밤마다 기저귀며 분유며 아기 시중 다 들어 주었던 그런 남편이요.
결혼 17년 동안 늘 신혼같이 대해 주던 그런 남편이요.
밤마다 내 옆에서 든든히 지켜주던 그런 남편이요.

아... 한 때 제겐 그런 남편이 있었습니다.
제 어릴 적 꿈을 한 방에 이루어 준... 멋진 남편이요!

인생에 있어서 최고의 행복은
우리가 사랑받고 있음을
확신하는 것이다.

▥ 빅터 위고(*Victor Hugo*)

남편의 핸드폰

삼성맨인 남편은 한때 거의 날마다 술독에 빠져 살았어요. 일본 엔지니어들이랑 회식하면서 술을 진탕 마신 어느 날, 새벽에 들어온 남편은 토요일 아침 여덟 시가 지났는데도 도통 일어날 기미가 없더군요.

아이들 아침으론 간단하게 피자를 만들어 주고 신랑을 위해서는 얼큰한 콩나물 김칫국을 끓인 뒤 여전히 꿈속에서 헤매고 있는 남편을 식탁 앞에 겨우 앉혔어요.
그리고 말했지요.

"자기야...
회사에만 로열티를 보이지 말구, 내게도 로열티 좀 보여 봐!!!"

그 말을 듣자마자 그때까지 시원한 김칫국만 열심히 마셔대던 남편이 당장 자기 핸드폰을 가져와 보라더군요.
시큰둥해 하면서 핸드폰을 가지고 온 나에게 남편이 말했어요.

"단축번호 1, 2, 3, 7, 8번을 눌러 봐..."

1번을 눌렀더니... 화니하니
2번을 눌렀더니... 내사랑
3번을 눌렀더니... 여보야
7번을 눌렀더니... 깜찍이
8번을 눌렀더니... 귀염둥이...

아이고 세상에... 모두 다 제 번호였어요. ㅜ.ㅜ
갑자기 주책 맞게 왈칵 눈물이 쏟아지더군요.

"앙... 앙... 자기... 바보!!!"

울다가 웃다가 그 와중에도 궁금해서 물었어요.
"자기야... 4, 5, 6번은 누구야?"
"직접 확인해봐..."

4번... 아야 (내 이름이 승아여요. ^^)
5번... 이쁜이
6번... 또 내 사랑...

"으앙..."
전 더 크게 울었어요.

울 화니 왈, 어디 있든지 뭘 하고 있든지 아무거나 누르면 마눌 목소리 들을 수 있게 그렇게 해 놓았다는군요.
그러면서 이 정도면 충분히 로열티를 보여준 게 아니냐고 씨익 웃었습니다.

그럼요.
그 정도면 충분히 로열티를 보여 준 거지요.
7년이 지난 지금까지도 생생하게 기억이 나는 사건이었으니까요.

그 후 핸드폰을 바꾸면서 1번부터 10번까지 제 번호로 도배되어 있던 내 남자의 핸드폰도 스르르 자취를 감추어 버렸지만 저는 아직도 잊을 수 없답니다.
핸드폰에 가득하던 내 남자의 사랑을요.
그때 제가 흘렸던 행복한 눈물 한 바가지를요.

그는 참 멋지고 곰살맞은 남편이었습니다.
저는 세상에서 가장 행복한 그 남자의 여자였구요.

사랑하는 것은
천국을 살짝 엿보는 것이다

‖‖‖ 카렌 선드(*Karen Sunde*)

만남
34

나는야 꿀단지...

6년 전 어느 날 밤...
남편이 회식 때 빈속에 술을 너무 많이 마셔 인사불성이 된 채 부장님 집에 쓰러져 있다는 전화를 받았어요.
술 냄새가 너무 나서 택시를 안 태워준다는 사모님 이야기에 그 집에서 일단 재우기로 합의를 했는데요~
울 화니가 계속 집에 가야 한다고 벌떡벌떡 일어나는 바람에 부장님과 사모님이 직접 우리 집까지 차로 데려다 주셨지 뭐예요? --;;;

부장님과 사모님 왈,

"아니 집에 무슨 꿀단지가 있길래 꼭 집에 와야 한다는 거예요???"

저는 너무 죄송하고 면목이 없어서 계속 죄송하다는 말만 반복한 채 정신없는 신랑을 부축해서 겨우겨우 집까지 올라왔어요.

고약한 술 냄새가 진동해서 침대에서 그냥 재우지는 못할 거 같아 옷을 다 벗겨 샤워를 시키구 머리까지 낑낑대며 감겼답니다.
그 모든 게 끝나고 침대에 떡이 되어 누워 있는 남편을 보니 정말 기가 차서 오동통한 엉덩이를 한 대 철썩 때려줬지요!

'으이그... 귀여워서 봐준다... 내가... ㅎㅎㅎ'

속옷을 갈아입히고 머리를 쓰다듬어주니 남편은 그 와중에도 좋은가 봐요. 씨익 웃는 걸 보니 말이죠!

아침에 일어나자마자 일본 출장 때문에 부랴부랴 집을 나선 남편이 로밍한 핸드폰으로 몇 차례 문자를 보냈어요.
잘 도착했다고... 사랑한다고...
그리고 마지막으로 보낸 굿나잇 문자...

'자기야 사랑해.
어제 정신없는 와중에서도 자기 목소리 들리니 너무 좋더라.
잘 자 사랑해...'

신랑이 없어서 쬐끔 쓸쓸했는데 문자를 받고 나니 얼마나 마음이 포근해지던지요. ^^
행복해하는 엄마 모습에 옆에 누운 딸아이도 씨익 웃더군요.

음...
역시 우리 신랑 꿀단지는 나야... ㅋㅋ
저는 그 날 밤 신랑의 사랑을 팔베개 삼아 푹 잘 잤답니다^^

아... 그리고 보니 또 생각이 나네요!
딸아이가 했던 충격적인 말이요!
제 딸아이는 이중인격이란 단어를 엄마를 통해서 알았대요. ^^;

자기들 앞에선 쨍쨍거리며 한없이 잔소리하던 엄마가 아빠 전화 앞에선 코맹맹이 하이 소프라노로 "자기야???" 라며 한없이 알랑거리는 모습에 '아... 저게 바로 진정한 이중인격이구나...' 라고 생각했다나요? ^^

네...
저희 부부는 그렇게 살았어요!
연애 6년, 결혼 17년 내내 서로가 서로에게 가장 맛있는 꿀단지가 되어 주며 그렇게 연애하듯 살았답니다.
서로의 눈에 착 달라붙은 콩깍지가 영원히 벗겨지지 않도록 날마다 기도하며 살았답니다.
저는 우리 부부가 검은 머리 파뿌리 될 때까지 그렇게 행복하게 살 줄 알았어요. 천년만년 말이에요.
누구나 그리 생각하듯이요.

낱말 하나가
삶의 모든 무게와 고통에서
우리를 해방시킨다.
그것은 사랑이다.

▬ 소포클레스(*Sophocles*)

2010. 12. 14.
내 남자의 생일에...

한 남자가 있습니다.
따뜻한 미소를 지닌, 따뜻한 마음을 가진, 따뜻한 사랑이 있는 한 남자가 있습니다.

한 남자가 있습니다.
한 여자의 전부이며, 한 여자의 하늘이며, 한 여자의 처음과 끝인 한 남자가 있습니다. ^^

그 여자는 생각합니다.
세상에서 가장 큰 선물은 그녀 옆에 있는 그 남자라고.

그 여자는 생각합니다.
세상에서 가장 큰 선물은 스물두 살... 어린 나이에 만난 그 남자가 어른이 되어가고 호호백발 할아버지가 되어가는 모습을 보는 걸 거라고.

그래서...
호호백발 귀여운 할아버지, 할머니가 되어서 서로의 등도 긁어주고,
손잡고 공원도 산책하고, 얼굴에 가득 핀 주름살도 매만져 주고,
그렇게 살았으면 좋겠다고 그 여자는 생각합니다.

한 남자가 있습니다.
한 여자를 사랑해주고, 한 여자를 존중해 주고,
늘 따뜻한 눈으로 바라봐 주는 한 남자가 있습니다.
그 여자에게 그 남자는 현빈이고 공유입니다. ㅎㅎ
20년 된 콩깍지는 이제 눈에 착 달라붙어 떨어질 줄 모릅니다.
한 여자의 눈이 바라보는 세상에선 그가 현빈이고 공유입니다.
그 여자에겐 그게 진리입니다... ^^

한 여자가 있습니다.
그와 함께 바라보는 세상이 아름답고,
그와 함께 꿈꾸는 세상이 천국이며,
그와 함께 살아가는 순간순간이 너무 황홀한
한 여자가 있습니다.

그 여자에게 가장 감사한 일은
40년 전 하나님이 그 남자를 세상에 보내기로 결정하신 일...
20년 전 그 여자를 그 남자의 눈에 띄게 하신 일...

수많은 사람 중에 그 여자를 사랑하게 하신 일...
그리하여 그 남자의 아내로 살아가게 해주신 일이랍니다~

오늘은 그 여자의 그 남자가 태어난 지 40년 된 날입니다.
오늘은 그 여자에게 자신이 태어난 날보다 더 기쁜 날입니다.

자기야... 생일 축하해!!!
태어나 줘서... 내 남자가 되어줘서 너무 고맙고 사랑해!!!

[시크릿가든이 유행하던 그 해... 내 남자의 생일에 쓴 편지]

사랑에 대한 여자의 열정은
전기 작가의 열정을 훨씬 뛰어넘는다.

IIII 제인 오스틴(*Jane Austen*)

남편의 십계명

남편의 십계명을 아시나요?
전 지금까지 어떤 소설과 드라마, 영화에서도 제 남편처럼 남편의 십계명을 열심히 지킨 사람을 보지 못했어요.
제 남편은요... 결혼 17년 동안 늘 저에 대한 관심과 사랑이 변하지 않도록 노력했거든요.

전 "잡은 물고기에게 밑밥 주는 것 보았냐"는 말도 안 되는 대사를 영화나 소설에서 너무 많이 듣고 보았는데요.
정말 신기하게도 제 남편은 잡은 물고기에게 끊임없이 밑밥을 주는 남자였습니다.
남친이었을 때보다 남편이 되었을 때 더 많은 사랑과 관심을 보여 주었으니까요.

결혼기념일과 제 생일은 우리 집에서 가장 큰 행사였지요.
그 바쁘다는 삼성맨이었음에도 불구하고 남편은 결혼기념일에 월차

남편의 십계명

1. 관심과 사랑이 변하지 않도록 노력하라
2. 결혼기념일과 아내의 생일을 잊지 말라
3. 평소 아내의 옷차림과 외모에 관심을 보여라
4. 아내가 만든 음식에 대해 감사를 표시하라
5. 모든 일은 아내와 의논하고 결정하라
6. 상처를 주는 농담이나 행동을 삼가라
7. 너그러운 마음으로 한 걸음 양보하라
8. 가정 경제는 아내에게 일임하라
9. 아내의 개성과 취미를 존중하라
10. 늘 아내의 좋은 점을 발견하여 주라

까지 내어 저와 멋진 시간을 보내주었답니다.
남편이 제 생일과 저희 결혼기념일을 잊은 때는 정말 단 한 번도 없었어요.
게다가 그는 제 옷차림과 외모에 대한 칭찬을 아끼지 않았어요. 남자들이 부담스러워 할 호피 레깅스나 찢어진 청바지를 입어도 내 남편은 늘 이쁘다며 사랑스러운 눈길로 쳐다봐 주었습니다.
어디 그뿐인가요?
남편은 제 나이를 항상 스물하나라고 말했기 때문에 제 아들 녀석은 초등학교 2학년 때까지 엄마가 이십 대인 줄 알았답니다, 글쎄… ^^;

그 멋진 남편은 반찬 투정 한번 하는 법 없이 제 요리에 꾸준히 찬사를 보냈었는데요.
주말이나 일찍 퇴근한 저녁에 가끔 밥상을 차려 줄 때마다 어찌나 입에 침이 마르게 칭찬을 하는지 저는 제가 정말 요리에 일가견이 있는 줄 알았습니다.
그런데 얼마 전 딸아이가 지 동생을 붙잡고 얘기하더군요.
"엄마 요리 솜씨가 요즘은 정말 좋아졌지? 예전엔 엄마가 해 준 음식을 먹는 게 정말 고역이었는데…"
음… 전 그때서야 비로소 제 음식 솜씨가 형편없었다는 사실을 깨달았습니다. ^^;

뿐만 아니라 사랑하는 내 남편은 모든 일을 저와 의논하고 결정했어요.

제게 상처를 주는 농담이나 행동은 일절 하지 않았구요.
아들이 일곱 살일 때 한 번은 아들을 잃어버린 적이 있었는데요.
그때 제가 너무 놀라서 정신을 못 차리자 남편은 전화로 제게 신신 당부했어요.
애는 또 낳으면 되지만 자기한텐 마누라가 더 중요하니 제발 스트레스받지 말라구요.
아들은 곧 찾을 테니 염려하지 말라구요.
남편은 농담으로라도 애 안 보고 뭐 하고 있었길래 애를 잃어버렸느냐고 저를 다그치지 않았습니다.

내 남편은 정말 아내 바보였네요. 정말 그랬네요.
남편은 늘 너그러운 마음으로 한 걸음이 아니라 열 보 이상 양보했구요.
가정 경제는 늘 제게 일임해서 쥐꼬리만 한 용돈만 받고 직장 생활을 했어요.
제 개성과 취미를 존중해서 제가 하고 싶어 하는 일에는 늘 발 벗고 나서 주었구요.
제가 미처 알지 못했던 저의 좋은 점을 매일매일 칭찬해 주는 멋진 남편이었답니다.

그리고 보니 저는 세상에서 가장 행복한 아내로 살았네요. ^^
지난 17년 간... 저는 정말 아무것도 부러울 것 없는,
세상을 다 가진 여자였습니다.

어리석은 자는
멀리서 행복을 찾고,
현명한 자는
자신의 발치에서
행복을 키워간다.

∭ 제임스 오펜하임
(James Oppenheim)

다시 태어난다면 당신은?

토요일에도 수업이 있던 몇 년 전 어느 날, 학교에 다녀온 아들이 여느 때와 다름없이 친구들을 잔뜩 끌고 왔습니다.
퇴근한 신랑이랑 늦은 점심을 먹으려고 준비를 하던 저는 다른 아이들은 다 가고 한 아이만 남은 게 생각나 아들과 그 친구를 위해 단감을 깎아 주었어요.
그리고 신랑이랑 이런저런 수다를 떨며 맛있게 밥을 먹은 후 언제나처럼 신랑에게 얘기했지요!

"자갸... 나 감 먹고 싶어!"

울 신랑 벌떡 일어나 단감을 깎으며 그러더군요.
아까 제가 단감을 열심히 깎을 때 웬일로 마누라가 자길 안 시키고 저렇게 후식까지 미리 챙기나 감동했었다나요???
과일 깎는 건 자기 몫인데 이상하다 싶었대요^^

남편과 깔깔대며 과일을 먹는 중에 아들 친구 녀석이 부엌에 와서 한다는 말이 자기는 감이 싫다는군요!!!
감이 싫어서 하나도 입에 안 대었다고 무척이나 단호하게 말했습니다!!!
사과는 좋아하냐고 물었더니 그렇다고 해서 얼른 사과를 깎아 주었지요.
그러자 맛있게 감을 먹던 울 신랑이 그 아이 뒤꼭지에 대고

"아니 조것이 나도 못 부려 먹는 울 마나님을 지가 감히 시키고 있어!!!"
라며 혼자 툴툴대지 뭐예요?
입이 댓 발이나 나와 구시렁대는 신랑이 너무 귀여워서 전 감을 먹다 말고 이쁜 남편 입술에 쪽 뽀뽀를 해 줬어요.

그때 문득 며칠 전에 만났던 한 친구의 말이 생각나더군요.
그 친구는 다시 태어나면 자기 남편이랑 결혼 안 할 거라고...
자기 남편도 자기랑 결혼하고 싶지 않을 거라고 농담 반 진담 반으로 말했었거든요.
그런데 저는요...
다시 태어나도 울 신랑이랑 결혼하고 싶어요.
전 크리스천이라 환생을 믿지는 않지만 말이에요.

갑자기 남편에 대한 사랑이 샘솟듯 해서 달콤한 목소리로 속삭였어요.

"난 다시 태어나도 꼭 자기랑 결혼할 거야!!!"
"왜? 다음 세상에서도 나 부려 먹으려구?"

남편은 그러면서도 세상을 다 가진 남자처럼 행복하게 웃더군요.

그리고는 잊지 않고 덧붙였습니다.

"그래... 자기야... 나도 그래!!! 다시 태어나도 난 꼭 자기랑 결혼할 거야. ^^"

결혼 14년이 된 그 순간에도 두 아이의 엄마인 그 순간에도 제겐 남편이 최고의 보물이었네요.
우리의 하루하루는 늘 그렇게 행복하고 달콤했습니다.
전 그 행복이 영원하리라 생각했지요.
제 꿈같았던 결혼 생활이 17주년을 며칠 앞두고 종지부를 찍을 거라고는 감히 상상도 하지 못했답니다.

떠났네 훨훨
밤에게서 별을
낮에게서 해를 가져갔네.
떠났네,
이제 내 마음에는
구름만이 남았네.

⫽⫽⫽⫽ 알프레드 테니슨(*Alfred Tennyson*)

두 번째 이야기

투병

가을 편지 이야기

가능

어느 날 갑자기

12월은 우리 가족에게 참 행복한 달이었습니다. 온 가족의 생일이 모여 있는 그달, 2012년 12월이 오기까지는 언제나 그랬듯 우리 가족이 제일 사랑하는 달이 12월이었습니다.
그런데 2012년, 그 해 12월은 저희 가족에게 참 **뼈아픈** 달이었네요!

구토와 두통 증상 땜에 동네 병원에서 몇 주간 치료를 받던 우리 화니가 갑자기 사물이 겹쳐 보이는데다 사시 증세까지 나타나 부랴부랴 안과를 찾았었는데요.
진료해주시던 의사 선생님이 뇌 시신경에 이상이 있는 거 같다고 얼른 큰 병원으로 가보라고 하시더군요.

남편과 함께 집 근처 대학병원 응급실을 처음 찾았을 땐 뭐 그다지 큰일이야 있을까 싶었습니다.
1년에 한 번씩 꾸준히 건강검진도 받아 오고 있었고, 그때 역시 건강

검진을 받은 지 4개월 정도밖에 지나지 않은 때였거든요~

그런데 아무 생각 없이 머리털 나고 처음 찾았던 응급실에서 전 세상이 무너지는 이야기를 들었습니다.
처음엔 뇌수막염에서 좀 더 진행된 병증인 거 같다고 얘기하던 의료진들이 이것저것 검사를 해보더니 아무래도 폐암이나 대장암에서 뇌 쪽으로 암이 전이된 거 같다는 얘기를 하더군요.

의사로부터 도저히 믿을 수 없는 얘기를 들었던 그 밤,
남편한테는 차마 얘기도 하지 못하고 전 밤새 악몽에 진저리를 치며 세상이 무너짐을 느꼈습니다.
그 당시에는 남편이 죽는다는 사실 외엔 아무것도 생각나지 않았어요.
애들도 부모님도 생각 안 나고, 그냥 하나님한테 울면서 떼를 썼지요.

"이 남자를 데려가시면 제게 가장 소중한 이 남자를 데려가실 거면, 저 또한 데려가 주세요... 전 이 남자 없이 하루도 세상을 살 용기가 없습니다."
전 가슴을 쥐어뜯으며 울며 기도했어요.

사랑하는 화니가 잠든 모습을 바라보며 악몽 같은 선잠에서 깨어나길 여러 번... 달리 할 일이 생각나지 않은 저는 버릇처럼 성경책을

펴들었습니다.
얼마 전부터 교회에서 제자훈련을 받았던 터라 아침마다 성경책을 읽는 게 숙제였거든요.

그 무섭던 밤이 지나고 두려움에 숨이 막힐 것 같던 새벽에 전 그 날 읽을 차례인 요한복음 11장을 펼쳤습니다.
그곳에서는 예수님께서 죽은 나사로를 살리시는 기적이 일어나고 있더군요~

예수께서 들으시고 이르시되
이 병은 죽을병이 아니라 하나님의 영광을 위함이요
하나님의 아들이 이로 말미암아 영광을 받게 하려 함이라
　(요한복음 11: 4)

그 때 제가 할 수 있는 일은 아무것도 없었기 때문에 전 그 말씀을 붙잡기로 했습니다.

내가 절망 속에서 허우적대기만 한다면 이제까지 내가 믿던 신앙이 가짜가 되어버리기 때문에 전 절망하지 않고 하나님의 능력을 믿기로 선택했어요!
죽은 자도 살리시는 예수님이 내 남편도 살려주시리라 믿기로 했지요~

남편한테 의사 선생님의 말씀과 하나님의 말씀 둘 다 알려주었더니 사랑하는 울 화니는 오히려 저를 위로하네요!
혼자서 너무 힘들었겠다고 걱정하지 말라고 초울트라 슈퍼맨인 화니는 절대로 저를 버리고 먼저 가지 않을 거라고 웃으며 약속하더군요.

아...
전 그렇게 어느 날 갑자기 암환자의 아내가 되어 버렸습니다.
제가 꺼이꺼이 울면서 읽었던 소설 속 이야기가, 눈물 펑펑 흘리며 보았던 영화 속 이야기가 이젠 제 이야기가 되어 버렸습니다.
사람 일은 참 한 치 앞도 알 수가 없어요... 그죠? ^^;;

전 울 화니가 응급실에 입원하던 그 날도 친한 언니들과 함께 눈발을 헤치며 열심히 쇼핑삼매경에 빠졌었는데 말이죠.
올 연말에는 어디로 해외여행을 갈까 열심히 머리 굴리고 있었는데 말이지요~!
애들 겨울방학 때는 간단하게 도배라도 해서 집 분위기를 바꿔봐야겠다 마음먹고 있었는데 말이죠!!!
사람 일이란 하나도 내 맘대로 되는 게 없다는 걸 마흔이 넘은 그때서야 전 겨우 깨달았습니다!!!

인생은 3막이 고약하게 쓰여진

조금 괜찮은 연극이다.

(인생의 3막에서 주인공은 숨진다)

||||| 트루먼 카포트(*Truman Capote*)

행복한 남자, 행복한 여자

주변 사람들의 성화에 못 이겨 집 근처 대학병원에서 삼성 서울병원으로 옮기던 그 날, 전 참 막막했어요!
또다시 응급실에서 그 끔찍한 과정을 겪어야 하나 싶어서요.
삼성 서울병원에 아무런 연고도 빽도 없어서 병실을 구하기가 쉽지 않을 텐데 몸이 아픈 화니를 데리고서 그 고생을 첨부터 다시 시작하려니 정말 겁이 덜컥 났답니다.

전 거동이 불편한 남편을 바라보며 달리는 차 속에서 하나님께 간절히 기도했어요!
하나님 빽으로 당일 입원할 수 있게 해 달라구요.
주위 지인들에게도 함께 기도해 주길 부탁했었구요.

그런데 정말 간절히 바라면 이루어지나 봐요. ㅜ.ㅜ
대부분 대학병원 응급실은 베드 구하기도 하늘의 별 따기라 정말 오랜 시간을 기다려야 하는 데 화니는 삼십 분도 안 되어서 응급실 베드를 차지할 수 있었어요.
생각지도 못했던 지인의 도움으로 첫날부터 무사히 병실에 입성할 수 있었구요!
아... 얼마나 감사하고 행복하던지!!!
그때를 생각하면 지금도 가슴이 찡해 옵니다!

삼성 서울병원에서 조직 검사와 여러 검사를 통해 폐암 4기의 진단을 받은 우리 화니는 그럼에도 불구하고 웃음을 잃지 않더군요.
제가 사랑하는 이 남자는 어디에 있든 그 특유의 밝음과 유쾌함을 곳곳에 뿌리고 다녔습니다!
저희 침상을 찾는 간호사들은 이곳에 오면 분위기가 전~혀 다르다고, 넘 밝은 분위기라 기분 좋다고 얘기해 주시더군요!

암세포가 여기저기 전이 되어 수술조차 할 수 없다는 의사선생님의 말이 절 너무나 아프게 했지만, 저와 화니는 희망을 잃지 않기로 했습니다.
임시방편으로 뇌압을 낮추는 션트 수술만 했었는데 감시하게도 이 수술 덕분에 눈에 초점이 안 맞고 사시가 되었던 증세는 완전히 사라지게 되었어요.
끊임없이 괴롭히던 두통도 많이 좋아졌구요.

그러고 보면 우리 화니는 참 행복한 암환자였습니다.
온 교회가 합심해서 기도해 주었고, 주위의 모든 사람들이 한마음으로 응원해 주고 있었으니까요.
또 집 근처에 시부모님이 살고 계셔서 아무 걱정 없이 제가 화니 옆에 딱 붙어 있을 수 있었네요.
의사들은 무시무시한 말로 겁을 주지만 남편은 자각 증세나 통증이 심하지 않아 참 감사했습니다.

어디 그뿐인가요?
실비 보험으로 병원비 걱정 없이 치료할 수 있어서 얼마나 감사하던지요.
3년 6개월이라는 긴 시간 동안 유급 휴직을 낼 수 있다는 것도 참 감사했구요.
낫게 해달라고 매달리고 떼쓸 수 있는 하나님이 있다는 것... 그 보다 행복한 일은 없었지요.

그리고 정말 감사하게도 우리 화니에게는 돌연변이 유전자가 있어서 그 힘들다는 항암치료를 하지 않고 암세포만 공격하는 표적치료 항암제를 복용할 수 있었답니다!!!
퇴원하던 날 그 소식을 듣고 얼마나 감사하던지… ㅜ.ㅜ

사십 대 초반에 어느 날 갑자기 생각지도 못한 암환자가 되어버렸지만, 울 화니는 여전히 세상에서 가장 행복한 남자였습니다!
전 세상에서 가장 멋진 남편을 가진 참 행복한 여자였구요. ^^

작은 변화가 일어날 때
진정한 삶을 살게 된다.

ⅢⅢ 레프 톨스토이(Lev Tolstoi)

너무 많은 사랑의 빚

진단을 받고 퇴원한 지 어느덧 한 달.
그동안 저희 부부는 정말 많은 사랑을 받았답니다!!!

삼성 서울병원에 입원해 있을 때부터 가족, 교회 식구들, 회사 동료들, 친구들이 얼마나 많이 찾아왔는지 몰라요.
하루에 평균 일곱 팀 정도 찾아왔으니 정말 어마어마하지요?

남편이야 누워서 방문객을 맞이하지만, 저는 하루에 수십 명을 일일이 응대해야 했기 때문에 나중엔 방문객을 제한하자는 얘기까지 시댁 식구들이 했었어요.
간병인인 제가 너무 힘들까 봐서요~

그런데 저는 그러고 싶지 않았답니다.
찾아와 주시는 분들이 너무 감사하게 느껴지고 참 많은 위로가 되었거든요.

남편의 암 소식을 듣고 너무 놀라 찾아온 지인들 또한, 저희 부부의 밝은 모습을 보고 오히려 위로받고 돌아간다며 고마워하더군요.

네... 저희 부부는 늘 희망을 노래했어요.
가장 절망적인 순간에도 가장 좋은 것을 선택하려 했어요.
암에 안 걸렸다면 가장 좋았겠지만, 사람 일이란 게 알 수가 없는 거잖아요.
멀쩡히 길을 걷다가 쓰러질 수도 있는 거고, 자다가 못 일어날 수도 있는 거지요.
거기에 비하면 암이란 병은 참 고마운 손님이라 할 수 있겠네요.
준비할 시간을 주었으니까요.
내가 혹은 내 가장 사랑하는 사람이 죽을 수 있는 연약한 인간이라는 걸 깨닫게 해 주었으니까요.
그 무시무시한 암 덕분에 우리 부부는 얼마나 많은 사람들이 우리를 사랑하고, 응원해 주고 있는지 알게 되었어요.
그래서 그 절망적이고 아픈 순간에도 우리는 웃을 수 있었습니다.
또 나중에 하나님이 병을 낫게 하시면 지금 울고불고 한 것이 너무 억울할 거 같아서 투병하는 기간 내내 모든 걱정을 떨쳐 버릴 수 있었어요.
살고 죽는 것은 모두 하나님 소관이니 걱정해도 어쩔 수 없음을 우린 이미 알고 있었나 봅니다.

병원 생활을 마치고 남편이 퇴원한 후에도 주위 사람들의 사랑과 관심은 끝이 없었어요.
제가 요리 못 하는 걸 아는 주위 이웃들이 얼마나 자주 음식을 날라다 주던지, 저희 집에는 동치미, 김치, 장아찌, 각종 반찬들이 늘 그득그득했어요!

친한 모임 언니는 거의 매주 한 시간 거리의 우리 집에 와서 청소며, 요리까지 도와주었는데요.
나중엔 그 언니한테 넘 미안한 맘이 들어서 도우미 아줌마를 일주일에 두 번씩 불렀답니다.
아줌마를 안 불렀다가는 언니가 계속 오가느라 몸살 날 거 같아서요. ㅎㅎ

제게 예쁜 꽃다발을 한 아름 안겨주고 싶어서 추운 날씨에 양재 꽃시장까지 다녀온 교회 언니도 있었구요...
신랑 간호하느라 애쓴다고 맛난 음식을 해놓고 불러준 이웃언니도 있었답니다~
맛난 과일을 날라다 주는 친구, 언니들도 참 많이 있었구요.
게다가 얼굴만 알고 한 번도 왕래가 없었던 아파트 같은 동 아주머니는 제 남편이 암에 걸렸다는 소식을 어디선가 전해 듣고 일주일에 한 번씩 유기농 반찬들과 찌개를 손수 만들어서 가져다주셨어요.

남편이 아프지 않았다면 전혀 몰랐을 엄청난 사랑...
우리 부부는 우리를 둘러싼 하나님과 이웃들의 사랑에 너무나 감동했습니다.
그리고 생각했지요.
앞으로 이 많은 사랑의 빚을 계속 갚으며 살아가야겠다구요.
나도 남들에게 많은 사랑을 나눠 주며 살아야겠다구요.

아픔과 눈물 속에서도 사랑이 있었기에 우리 부부는 외롭지 않게,
슬프지 않게 그 엄청난 시간을 헤쳐나갈 수 있었습니다.
그래요... 사랑은 모든 것을 치유할 힘을 가지고 있나 봐요.
아픔과 외로움과 절망까지도요!

성숙하다는 것은
다가오는 모든 생생한 위기를 피하지 않고
마주하는 것을 의미한다.

⮕ 프리츠 쿤켈 (Fritz Kunkel)

힘 내세요...
당신은 할 수 있어요!!!

남편이 암환자가 된 이후 전 남편 껌딱지가 되어 하루 종일 남편과 행복한 시간을 보내었어요.
남편 시중을 들면서요.

그러던 제가 갑자기 일주일간 자유부인이 되었습니다.
월요일부터 토요일까지 암환자 요양 프로그램을 운영하는 성모 꽃마을에 남편이 교육을 받으러 갔거든요.
몇 달 동안 남편과 지남철처럼 붙어서 살았기 때문에 남편이 없는 일주일, 휴가 기분을 조금이라도 느낄 수 있을 줄 알았습니다.
떠나기 전 남편도 그랬거든요.
 "나 없는 동안 휴가 잘 지내..." 라구요.

그런데 남편이 없는 하룻밤을 보내고 아침에 남편과 밝은 목소리로 통화를 끝낸 후 전 갑자기 울음보가 터졌어요. ㅜ.ㅜ
그동안 눈물 없이 불안 없이, 함께 있는 하루하루를 너무 행복하게 잘 지내었었는데 그게 전~부 남편이 내 옆에 있었기 때문이었나 봐요!!!

남편이 없는 하루가 이렇게 힘들다니...
전 금요일까지 그동안 못 만난 친구, 언니들과 스케줄이 몇 탕씩 잡혀 있었는데, 그게 참 즐거울 줄 알았는데, 남편이 없으니 제가 너무 약해지더군요. - -;;;

울면서 기도하다 보니 기도 중에 그전 해에 갔던 푸켓 여행이 생각났습니다!!!
8월 말에 남편과 단둘이 갔던 푸켓 여행... 그때도 비가 억수로 내렸었지요.
한국에도 태풍이 두 번이나 지나갔던 주간이었고, 푸켓 또한 우기였기 때문에 우리가 간 날 푸켓 가이드가 말했었어요.
지난주에 왔던 팀은 하루도 투어를 못하고 호텔에만 있다가 돌아갔다구요.
그 얘길 듣던 순간 얼마나 속상하던지요

아니나 다를까 푸켓 도착 후 관광 첫째 날 아침에 엄청난 빗소리에 잠을 깨는 순간 전 너무 속상해서 울면서 소리쳤어요.

"이게 뭐야... 이게 뭐야...

5년 만에 남편이랑 단둘이 해외여행 왔는데 이게 뭐야... ㅜㅜ"

그 날 아침... 저는 남편과 손을 잡고 열심히 기도했습니다.
'하나님... 이제까지 제 기도에 응답해 주셨듯이 이번에도 그리 해 주실 줄 믿습니다...
오랜만에 온 남편과의 푸켓 여행에서 최소 3일 이상 푸르른 하늘을 보고 돌아갈 수 있게 해주세요.'

기도 덕분인지 거세게 쏟아 부었던 빗줄기가 점차 잦아지더니 가이드랑 미팅하기로 했던 11시쯤부터는 정말 놀랍게도 완전히 멎어 버렸어요.
하나님이 제 기도를 들어주셨던 거지요!!!
늘 그러셨어요... 하나님은 늘 저희의 기도를 들어 주셨어요.
하나님은 제가 기도했던 대로 그 후 3일 내내 푸르른 하늘을 보여 주셨답니다.

우기임에도 불구하고 여행하는 내내 좋은 날씨 속에 다녔던 우리 팀을 가이드는 정말 복 있는 팀이라 말했지만, 전 알았어요!!!
하나님이 우리 기도를 들어주셨기 때문이란 걸요... 늘 그러셨듯이요. ^^

가이드의 말 중에 기억나는 말이 있습니다.
밤새 폭우가 내리면 오히려 그 다음 날 쨍한 햇빛을 볼 수 있지만, 비가 찔끔찔끔 내리면 다음날도 어김없이 계속 비가 내린다구요.

그때 저희 부부는 폭우 속에 있었습니다...
5년 생존율이 1퍼센트라는 폐암 4기 환자가 되어버린 남편...
하지만 저희 부부는 웃으면서 그 폭우 속을 헤쳐나갈 수 있었어요.
하나님이 주신 믿음의 눈으로 폭우 뒤의 파아란 하늘을 바라볼 수 있었으니까요!!!

예전엔 쇼핑이다... 브런치다... 날마다 바빴던 저이지만 저는 남편이 암환자가 된 이후부터 암 환우 카페를 들락거리느라 무지 바빴어요.
한 번도 보지 못했던 암 환우들과 그분들의 가족을 위해 날마다 기도했습니다.
내가 그분들 가족인 양, 아내인 양, 딸인 양, 날마다 울면서 하나님께 기도드렸습니다.
꼭 낫게 해달라고... 하나님의 치유의 기적을 보여 달라구요.

지구 반대편에 지진이 나도, 가뭄으로 수만 명이 죽어 나가도, 내 이웃이 절망 속에 허우적대도, 그동안 우리 가족의 행복과 안녕에만 관심이 있었던 제가 생면부지의 사람들을 위해 무릎 꿇고 기도하게 되었어요.
하나님은 절 그렇게 변화시키셨습니다.
다른 사람의 아픔을 돌아볼 줄 아는 사람으로요!

그러고 보면, 다 나쁘기만 한 건 아무것도 없어요... 그치요?

폭우 속에서 벌벌 떨고 있던 그 순간에도 남편과 함께 웃을 수 있고, 행복했으니까요.
지금도 전 그때가 그립습니다. 아주 많이요.

인생을 어떻게 살지
배워야 할 필요를 더욱 깨달아야 한다.
왜냐하면,
인생은 매우 빠르고,
때로 너무 순식간에 지나가기 때문이다.

⁞⁞⁞⁞ 앤디 워홀(Andy Warhol)

5월 맞이 성가대 복귀

삼성 서울병원에서 폐암 4기로 6개월 여명이 남았다는 얘기를 들었던 남편은 그 말을 비웃기라도 하듯, 진단 5개월 후에도 너무 씩씩하게 잘 지냈어요!!!
성모 꽃 마을이라는 암환자 요양 프로그램에 일주일 다녀와서는 정신무장도 더 단단히 했구요!!!

남편이 성모 꽃 마을에 가 있는 동안 저는 잠도 두세 시간밖에 못 자고, 밥도 한 끼밖에 못 먹고, 그동안 남편하고 함께 놀고먹느라 겨우내 쪘던 살이 2킬로나 빠졌었지요.
근데 남편이 돌아오니 다시 살찌는 소리가 들리더라구요~~~^^
전 역시 남편 바보인가 봅니다. ㅋㅋ

남편은 몸에 좋다는 것도 무지 많이 먹었어요.
사과 당근 주스, 삼채 주스는 남편이 침대에 누워 있는 동안 제가 열심히 만들어줬지만, 나중엔 남편이 저보다 더 열심히 부엌을 드나들었어요.
자기가 직접 몸에 좋은 건강식을 만들어 주겠다구요.
야채 수프, 히포크라테스 수프, 해독 주스, 녹즙 등등...
남편은 몸에 좋은 건강식들을 직접 만들어 한 시간마다 저에게 갖다 주었답니다.
이런 건 마눌이 만들어 주겠다고 고집도 피워 보았지만, 자기의 기쁨을 빼앗지 말라는 남편의 간곡한 부탁 때문에 전 또 공주 노릇만 했었네요.

뭐... 저도 놀고먹기만 한 건 아니에요~~~
남편을 위해 어떤 건강식을 해먹일까 매일매일 고민했지요!
건강 서적도 끊임없이 읽었구요.
몇 개월 동안 200권 넘는 건강 서적을 읽느라 저는 건강 박사가 되어버렸답니다. ^^

그나저나 하루아침에 갑자기 암환자가 된 남편은 그 바쁘던 회사를 휴직했기 때문에 여유 시간이 참 많을 줄 알았는데요.
웬걸... 하루하루 너무 바쁘게 지냈답니다.

체온을 올려준다는 왕쑥뜸이랑 침을 맞기 위해 일주일에 세 번씩 한의원에 다녔구요~
비타민C 정맥주사도 일주일에 세 번씩 맞으러 다녔어요!
틈틈이 산에 다니고 골프 치러 다니기도 했구요~~~

남편은 주위에서 정말 많이 기도해 주신 덕분에 암환자 같지 않게 5개월을 보낼 수 있었네요.
퇴원하고 얼마 지나지 않아 진통제도 끊고 바로 걷기 시작했으니까요.

남편의 발병 소식에 온 교회가 합심해서 새벽기도회와 금요기도회 때 열심히 기도해 주셨고 교회기도팀에서도 매일매일 기도해 주셨었는데 그 덕분인지 화니의 병세는 날로 좋아졌습니다.
암 진단 5개월인 작년 5월에는 다시 교회 성가대에 복귀할 수 있었으니까요.

저는 어버이날 깜짝 선물로 울 부부가 성가대에 다시 선 모습을 보여드리고 싶었는데요... 그 작은 바람은 성공적으로 이루어졌습니다.
(성가대에 서려고 패션 가발까지 구입한 우리 화니는 얼마나 예쁜 꽃미남 같던지 저는 살짝 긴장되었어요. ^^ 남들이 저를 큰 누나나 이모로 볼까 싶어서요. ^^;)

예배드리러 본당에 들어서자마자 안내 서시는 분들께 저희 부부가 성가대에 왔다는 소식을 들으신 시부모님은 입에 함박웃음을 머금고 성가대석을 한참 쳐다보시더군요~~~
역시 남편의 성가대 복귀는 제 예상대로 시부모님께 가장 좋은 어버이날 선물이 되었습니다!

오랜만에 성가대연습을 하고 성가대에 선 남편 또한 엔돌핀의 4000배가 넘는다는 다이돌핀이 마구마구 나온 것 같다며 기뻐했어요. ^^
암세포를 이기는 막강한 힘을 가지고 있다는 다이돌핀은 찬양할 때 엄청나게 생성된다던데, 너무 즐거워하는 남편을 보니 곧 암세포가 사라질 것만 같았답니다~~~

전 정말 그때까지 남편의 암세포가 조만간 싹 사라질 거라 믿어 의심치 않았어요!!!
남편이 깨끗이 나아 남편과 함께 하나님의 은혜를 간증하러 다니리라 생각했으니까요.
그래서 비록 남편은 암환자였고 전 암환자의 아내였지만 우리 부부는 두려움 없이 온전히 행복할 수 있었습니다.
그 또한 지나고 보니 하나님의 은혜였네요.

남편과 함께 찬양 드리며 즐거워하던 그때... 그때가 무지 그립습니다.
꽃미남처럼 환히 웃던 남편의 미소도 참 그립습니다.
둘이 함께라 두려움 없던 지난봄이 참 그립고 감사합니다.

오래 살기를 바라기 보다
잘 살기를 바라라.

▥ 벤자민 프랭클린(*Benjamin Franklin*)

지금 만나러 갑니다.

제가 좋아하는 일본 영화 중에 「지금 만나러 갑니다」라는 영화가 있어요!
꽤 오래전에 본 영화인데 일본 영화들 중 「러브레터」와 함께 제가 제일 좋아하는 영화이지요.
2005년 그 뜨거웠던 여름에 「지금 만나러 갑니다」라는 영화를 보고 나서 저는 가족이란 뭔가 삶과 죽음이란 뭔가 사랑이란 뭔가... 심각하게 고민했던 거 같아요!!!
내가 사는 이 순간이, 내가 가지고 있는 이 행복이 무한할 수는 없겠구나 깨달았구요.
'내가 「지금, 만나러 갑니다」에 나온 여주인공처럼 6주간의 짧은 시간만 내 사랑하는 가족들과 함께할 수 있다면 난 어떻게 살아야 할까?' 그런 고민도 열심히 했었네요.

그 영화를 본 후 저는요.
만 세 돌이 되지 않아서 한참 말썽만 피던 울 왕자님에게 더 사랑스럽고, 더 많이 이해해 주는 그런 엄마가 되기로 다짐했구요.
울 가족 100년 동안 살고 엄마, 아빠, 은이, 호야 다 같이 함께 돌아가자던, 늘 예쁜 짓과 예쁜 말만 골라 하는 울 공주님에게도 정말 좋은 친구, 좋은 엄마가 되어줘야겠다고 결심했답니다.
그리고 마지막으로 내 남편, 늘 주고 주고 또 주는 화수분 같은 내 남편...
그에게도 정말 좋은 아내가 되어야지 결심했었습니다.
영화 속 여주인공처럼 말이지요.

2005년 무렵, 남편은 회사 일로 너무 바빴어요.
집에도 잘 못 들어오고, 회사에서 밤을 새우기 일쑤여서 주말에도 가족과 함께할 시간이 많지 않았지요.
아이들은 어리고, 손도 많이 가고, 내겐 남편이 필요한데 남편은 나와 함께 하지 못하고, 그래서 전 늘 남편에게 불평과 불만만 늘어놓았던 거 같아요.
하지만 「지금, 만나러 갑니다」란 영화를 본 후, 저는 삶과 죽음에 대해 다시 한 번 더 생각하게 되었고 매일 매일 죽는 여자가 되기로 했습니다.
유한한 삶을 살면서 무한한 삶을 살 것처럼 아등바등 악다구니 쓰가며 살 게 아니라 언제든지 떠날 준비를 하는 매일매일 죽는 여자가 되자고 결심했었습니다.
그렇게 나를 단장하면, 하루하루 내일 죽을 여자처럼 살면, 내 모습 또한 영화 속 예쁜 여주인공처럼 아름다워질 수 있지 않을까 생

각했거든요. ^^

사랑하는 내 남편은 23년 전 처음 만났던 그때나 결혼한 지 만 17년이 된 순간까지 늘 한결같았습니다.
자기에게 남은 시간이 오늘 하루인 양 매일매일 최선을 다하며 살았습니다.
늘 사랑을 퍼주며 살았습니다.
저는 억지로 나를 죽이며 매일매일 죽는 여자로 살아왔었는데 그는 즐겁게 오늘만 사는 남자로 평생 살았네요. ㅎㅎ

그래서 그런지 죽음의 선고도 암이라는 진단도 그의 영혼을 파괴하지 못하는 거 같았어요~~~
그에게 남은 날은 늘 오늘 하루였으니까요!!!
그 하루 동안 최선을 다하며 즐기며 행복하게 살아가면 되었으니까요!!!
저는 그런 남편 옆에서 남편이 죽을 거라는 걱정 없이 하루하루 행복하게 살아갈 수 있었습니다.
지금 생각해보니 제게 너무나 행복한 하루하루를 선물해준 그가 참 고맙네요.
암에 걸린 그 순간조차 내게 최고의 선물을 선사해 준 그가요.

영원히 살 것처럼 꿈꾸고
오늘 죽을 것처럼 살아라.

▥ 제임스 딘(*James Dean*)

하프 타임 — 인생의 절반

남편이 폐암 진단을 받고 정신없는 가운데 2013년을 시작했는데, 어느새 정신을 차리고 보니 2013년도 절반이나 훌쩍 지나가 버렸더군요.
세월 참 빠릅니다~
2012년 12월에 6개월 여명을 진단받았음에도 불구하고 다음 해 여름까지 건강하게 생활했던 남편 덕분에 전 참 많이 감사했답니다.

저희 부부는 암 진단 후 6개월 동안 참 재미나게 살았어요~~~
주문진 가서 맛있는 물 회도 먹고 공원이랑 산에도 다니고 참 바쁘고 행복한 시간을 보냈습니다.
그동안 남편을 회사에 뺏겼다고 늘 투덜거렸었는데 하나님이 남편과 함께 있고 싶어 하는 제 소원을 한방에 들어주신 셈이네요~

작년 여름 딱 1년의 절반이 지났을 때, 제가 다니던 교회의 담임 목사님께서 '하프타임'이란 제목으로 말씀을 전해 주셨어요!

지금은 고인이 된 스티브 잡스의 예를 들어주시면서요.

미혼모의 가정에서 태어난 스티브 잡스는 그 유명한 애플을 차렸지만 결국 애플에서 쫓겨나는 수모를 당하지요.
애플에서 쫓겨나서 픽사라는 애니메이션 회사를 인수한 그는 월트디즈니와 굴욕적인 계약을 맺습니다!
「인어공주」보다 성공하지 못한다면 배당금 0%...
「인어공주」가 엄청난 대성공을 거둔 애니메이션이었기 때문에 그보다 더 성공한 영화가 만들어진다는 건 상상도 못 할 일이었지요!!!
그리고 맘에 들지 않으면 언제라도 월트디즈니에서 계약을 해지할 수 있다는 말도 안 되는 계약이었답니다. - -;

하지만 스티브 잡스는 「토이 스토리」, 「니모를 찾아서」 등의 흥행 애니메이션을 만들어냄으로써 보란 듯이 일어섭니다.
그 후 픽사는 엄청난 가격으로 월트디즈니 측에서 합병 인수했구요.
십여 년 만에 애플에 금의환향한 그는 아이패드, 아이폰 등의 신화를 일구어내지요!
비록 췌장암으로 떠나긴 했지만, 그의 인생은 역전의 드라마로 가득 찬 멋진 인생이었던 거 같아요~~~

마흔넷인 제 남편도 스티브 잡스처럼 역전의 드라마를 꿈꾸었습니다.
사자 굴에 던져진 다니엘을 지켜주신 하나님이 제 남편도 지켜주시고, 역전시켜 주시고, 형통케 해 주시고, 그로 인해 하나님을 믿지 않는 많은 사람들에게 하나님이 살아계심을 증거해 주시리라 믿었거든요!
남편은 인생의 하프타임에 암이라는 큰 고난을 겪게 되었지만 저는 그게 축복이요 선물이라 믿었어요~
그래서 그 시간이 결코 절망적이기만 한 것은 아니었답니다.

암 덕분에 남편과 저는 건강에 대해 다시 생각하게 되었고, 음식의 중요성을 깨닫게 되었으며, 하나님과의 관계, 가족의 사랑, 주위 사람들의 고마움을 다시 한 번 되새김하게 되었어요~
내일 일은 내일 생각하고 우리에게 주어진 오늘이란 시간 동안 더 많이 감사하고 더 많이 사랑하며 살기로 결심했구요.
암은 결코 우리의 영혼과 우리의 행복을 파괴하지 못했어요.
우리 부부는 언제나 우리 앞에 놓인 최선의 것을 선택하며 즐겁게 생활할 수 있었습니다.

절망에 굴복하지 않기!
있는 것에 족하며 감사하기!
함께 있는 시간을 맘껏 누리기!
그 누구보다 치열하게 사랑하기!

우리 모두는
인생에서 변화할 기회라 할 수 있는
큰 변화를 경험한다.

ㅣㅣㅣㅣ 해리슨 포드(*Harrison Ford*)

남편이 울어요...

너무나 건강하게 잘 생활하던 남편은 암 진단 후 7개월이 되던 여름부터 조금씩 더 살이 빠지기 시작했어요.

장마 때문에 바깥나들이도 여의치 않던 그때 남편이 침대에 누워 있는 시간은 점점 더 늘어갔고, 그런 남편을 보며 마음 졸이던 저는 주위 사람들의 권유로 공기 좋은 요양 병원에 들어가게 되었지요.

요양병원에 들어온 처음 얼마간은 행복했어요~
공기 좋은 곳으로 온 데다 밥도 청소도 할 필요 없이 온전히 남편에게만 집중할 수 있어서요.
보호자가 함께할 수 있는 병실은 1인실과 4인실이었는데요.
저희 부부는 1인실이 너무 외로울 거 같아 4인실로 갔었답니다.

그런데 참 무슨 인연인지 그 방에 있던 유일한 환우 분은 남편과 같은 폐암4기의 어르신이었고 보호자는 저보다 조금 나이가 어린 따님이었어요.
게다가 그 따님은 제가 가입했던 폐암 카페에서 본 기억이 있는 분이었답니다!
닉네임이 저랑 아주 비슷해서 눈에 띄었거든요^^

같은 방에서 십여 일 넘게 함께 생활하면서 서로 위로하고 격려해주던 그 부녀~~~
어르신은 몰핀을 맞으며 통증에 시달리면시도 잘 걷지 못하는 젊은 내 남편을 걱정해주셨고 보호자인 따님은 저랑 금방 친해져 언니 동생으로 의기투합했어요!
안면도에서 펜션을 운영한다는 얘기에 얼른 나아서 다 함께 펜션에도 놀러 가고, 요양원에서 등산도 같이 가자 약속했었지요.

그런데 울 신랑보다 훨씬 멀쩡하게 운동도 잘하시던 그 어르신이...
재미난 농담으로 늘 분위기를 업 시켜주시던 그 어르신이...
폐암 진단받은 지 3개월밖에 안 된 그 어르신이...
갑작스럽게 앰뷸런스에 실려 가시더니 3일 후에 돌아가셨다는 연락이 왔네요. ㅜㅜ

응급실에 실려 가신 다음 날,
가족들에게 유언을 모두 마친 뒤 울 신랑에게 꼭 해 줄 얘기가 있다며 한밤중에 전화하신 그 어르신은 남편에게 이렇게 말씀하셨어요.
당신은 나이 들어 이렇게 가도 괜찮지만, 남편은 아직 젊으니 꼭 명대로 건강하게 살다 오라구요.

한밤중에 그 전화 받고 저희 부부는 부둥켜안은 채 한참을 울었어요.
그 뒤 산소호흡기에 의지하시다 패혈증으로 돌아가셨다는 전화에 남편과 또 한바탕 눈물을 쏟아 냈구요.
사랑하는 내 남편은 가까운 곳에 죽음이 있는 것을 보고 많이 두려웠나 봐요.
완전 울보가 되어버렸으니까요.

돌아가시기 전 침례를 받고 천국 소망을 갖게 되셨던, 뼈 전이로 인해 참 많이 고통스러워 하셨던 그 어르신은 이제 고통 없는 천국에서 편안하시겠죠?
저는 어르신의 죽음 앞에서 간절히 기도드렸습니다.
어르신이 남편에게 남기신 그 말을 하나님의 말씀으로 여기고 제 남편은 이 땅에서 건강하게 살게 해달라구요... 호호백발 할아버지가 될 때까지요!

하지만 남편에게도 어김없이 죽음은 조금씩 다가오고 있었습니다.
어두운 그림자를 드리운 채 소리 없이 말이지요...

애벌레가 세상의 끝이라고 부르는 것을
우리는 나비라고 부른다.

▥▥ 리처드 바크(*Richard Bach*)

그래도 포기는 없다.

편이 또 헛소리를 시작했습니다.
이번이 처음이 아니지요.

공기 좋은 요양병원에 들어온 지 3주 만에 남편은 헛소리를 하기 시작했습니다.
집에 있는 둘째 아이를 찾더니 갑자기 요양병원에서 낳은 우리 아기가 누구냐며 제게 묻더군요!!!
해맑게 웃으며 헛소리를 하는 남편을 보고 저는 절망감에 진저리치며 삼성 서울병원 응급실로 달려갔어요.
거기서 뇌 전이로 인한 뇌 수두증을 치료하고 다시 요양병원에 입원한 게 바로 며칠 전인데 남편은 또 엉뚱한 헛소리를 하기 시작하네요...

남편의 증세가 처음부터 이렇게 안 좋았던 건 아니었습니다.
감사하게도 진통제 없이도 별 통증을 느끼지 못했던 남편은 암 진단 후에 저와 꿈같은 6개월을 보내었습니다.
시간 나는 대로 보고 싶은 영화도 보러 가고, 한 달에 몇 번씩 휴양림에 가서 푹 쉬다 오기도 하고, 틈틈이 등산도 가고, 남편이 좋아하는 골프도 원 없이 치러 다녔습니다.

그렇다고 매일 놀기만 한 것은 아니었어요.
도서관에서 건강 관련 서적을 수십 권씩 빌려와서 집에 있는 시간에는 손에서 책을 놓지 않았답니다.
그동안 읽은 책이 족히 200권은 넘을 거예요.
저는 사랑하는 내 남편을 살리기 위해 죽을 힘을 다했어요.
책에서 좋다고 하는 치료법은 한 번씩 시도해 보기도 했었구요!
또 남편의 상태가 조금씩 안 좋아지기 시작하면서부터는 새벽기도와 금요기도도 놓치지 않았지요.

그런데 남편은 암 진단 후 7개월이 지난 작년 7월부터 몸 상태가 급격히 나빠지기 시작했습니다.
현미 채식을 하면서 갑자기 살이 많이 빠진 남편은 장마 기간 내내 침대에서 일어날 생각을 안 했지요.
누우면 죽고 걸으면 산다고 제가 아무리 사정을 해도 남편은 무기력하게 누워 있는 쪽을 선택했습니다.
하루 종일 누워 있으니 다리 근육은 점점 힘을 잃어갔고, 급기야 몸무게가 45킬로까지 떨어진 남편은 밤에 화장실을 가다 몇 번 쓰러지기까지 했어요.

'그림 같은 요양병원에서 남편과 둘만의 멋진 시간 보내며 힐링 해야지...'
라고 맘먹었던 거와 딴판으로 저는 요양 병원에서의 생활이 너무나 외롭고 두려웠습니다.
남편이 또 엉뚱한 소리를 하지나 않을지 텅 빈 눈으로 나를 바라보지는 않을지... 저는 날마다 두려움에 치를 떨었습니다.

남편은 벽을 보며 하루의 절반 이상을 보냈어요.
스물두 살에 만나 반평생을 쏘울 메이트로 지내오면서 늘 달달한 말을 속삭여 주던 내 남편은 제게 사랑을 속삭여 줄 힘도 없었나 봅니다.

수두증으로 삼성 서울병원 응급실에 실려 가면서 자기 나이도 이름도 모르던 그 순간조차 제 눈에서 하염없이 떨어지던 눈물을 보며 "괜찮아? 자기야... 괜찮아?" 라고 묻던 남편은 죽음의 공포와 끊임없는 전쟁을 치르느라 그 얇디얇은 몸을 제게로 돌려줄 여유가 없었나 봅니다.

그래서 전, 텅 빈 벽을 보고 절망에 빠질 남편이 두려워 벽을 희망의 말로 가득 채웠습니다.

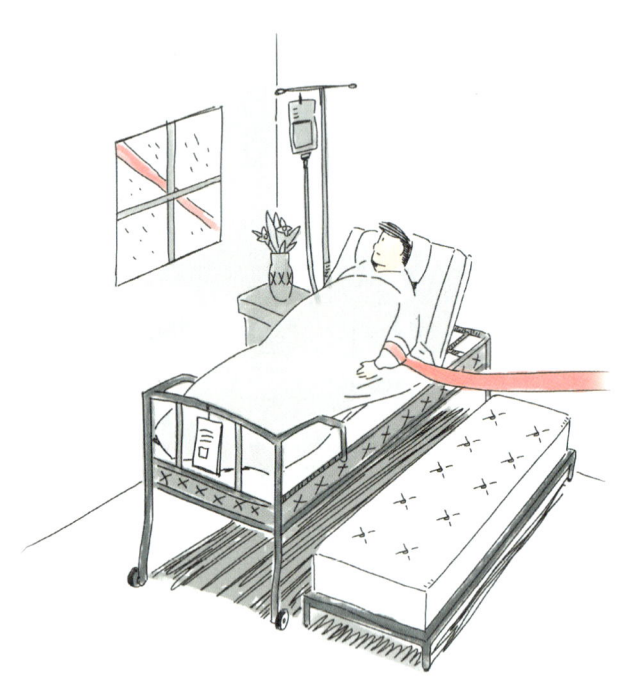

난 환자가 아니며 몸 속에 종양도 없다!!!
암은 다 나았고 나는 현재 건강하며 나는 내가 참 좋다!!!

친히 나무에 달려 그 몸으로 우리 죄를 담당하셨으니 이는 우리로 죄에 대하여 죽고 의에 대하여 살게 하심이라
저가 채찍에 맞음으로 너희는 나음을 얻었나니 (베드로전서 2:24)

나는 병에게 묶이기를 거부합니다.
나는 병들기를 거부합니다.
나를 병에서 놓여나게 하기 위해서 예수님이 죽으셨습니다.

남편의 눈길이 닿는 곳곳마다 이렇게 희망의 메시지를 붙여 놓았습니다.

웃음도 말도 잃어가던 남편은 제가 붙여 놓은 이 구절들을 보며 참 많이 행복해하더군요!
밥도 평소보다 한 숟갈 더 먹었구요~
잠에서 깨어난 남편이 제가 천정에 붙여 준 메시지를 끊임없이 읽는 모습을 보며 전 희망을 꿈꾸게 되었습니다.

남편은 계속해서 이렇게 되뇌었지요.

"나는 매일매일 나아지고 있습니다.
날마다 하나님의 치유능력이 내 몸 안에서 역사하고 있습니다.
나는 매일 더 많은 일을 할 수 있습니다."

아... 그 날 밤, 요양 병원에서의 마지막 날 밤, 삼성 서울병원으로 옮기기 전날 밤...
우리는 그렇게 끝까지 희망을 붙잡았습니다.
다음 날 그가 마지막을 보냈던 삼성 서울병원으로 옮기게 되리라고는 상상도 하지 못하면서요.

죽음은 가장 두려운 존재이지만 우리와는 관련이 없다.
우리가 있는 동안은 죽음은 존재하지 않고
죽음이 존재하면 우리가 존재하지 않기 때문에.

|||||| 에피쿠로스(*Epikuros*)

2013년 9월 21일 요양병원에서의 마지막 밤에…

이 남자가 또 왜 이러는 걸까요?
왜 헛소리를 하기 시작하는 걸까요?
신경외과 선생님은 이제 좋아질 거라고, 병원에서 해 줄 수 있는 건 더 이상 없다고 하셔서 5일 만에 퇴원하고 이제 겨우 요양병원에서의 삶에 적응하고 있는데 이 남자가 제게 왜 이러는 걸까요?

혼자서 손 하나 까딱 않는 남편을 이리저리 움직이며 기저귀랑 옷을 갈아입히다가 힘들다고 조금 투정했던 제가 미워서 그러는 걸까요? 한 시간 마다 깨우는 바람에 몇 주 동안 밤잠을 설친 제가 낮에는 아무런 의지 없이 누워 있기만 하는 남편에게,

"운동도 안 하고 계속 이럴 거면 나 이제 자기 옆에 안 있을 거야… 그러니 얼른 일어나서 운동 좀 해.
안 그러면 근육이 없어져서 영영 걷지 못할 수도 있대. ㅜ.ㅜ"

이렇게 맘에 없는 소리를 한 거 땜에 그러는 걸까요?
그것도 아니면,
소변으로 뒤덮인 바지를 갈아입히려고 애쓰는 저를 도와줄 생각은 하지 않고 무기력하게 누워만 있던 남편이 너무 야속해 처음으로 엉덩이를 찰싹 때려준 거 땜에 그러는 걸까요? ㅜ.ㅜ

저는 이 밤이 참 두렵습니다.
이 밤이 지나 아침이 왔을 때 남편이 또 헛소리를 할까 봐 겁이 납니다.
그래서 요양병원을 떠나 좁디좁은 병실에 갇혀있게 될까 봐 무섭습니다.
매번 이상한 헛소리를 해대는 남편이 이제는 제가 누군지도 못 알아볼까 봐 참 많이 두렵습니다.

또 한편으로는
잠에서 깨어난 남편이 제가 천정에 붙여 준 메시지를 끊임없이 읽는 모습을 보며 희망을 꿈꾸게 됩니다.
남편은 계속해서 이렇게 말합니다.
"나는 매일매일 나아지고 있습니다.
날마다 하나님의 치유능력이 내 몸 안에서 역사하고 있습니다.
나는 매일 더 많은 일을 할 수 있습니다…"

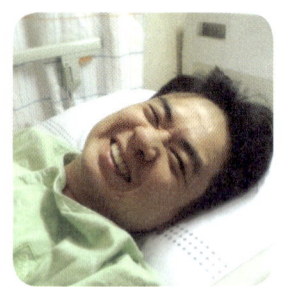   

저는 내일 아침 남편이 제게 어떤 모습을 보여줄지 제가 과연 희망을 선택할 수 있을지 참으로 많이 두렵습니다.

저는 소망합니다.
암 통증 때문에 작년 제 생일은 조촐하게 보냈던 신랑이 올해 제 생일 땐 재작년처럼 이렇게 서프라이즈 파티를 해주었으면 좋겠습니다.
올해도 내년도 십 년 뒤에도 이렇게 저를 향해 환한 미소를 지어 주었으면 좋겠습니다.

저는 소망합니다.
사랑하는 딸아이의 결혼식 때 울보 남편이 눈물 뚝뚝 흘리며 앉아 있는 걸 두고두고 흉보고 싶습니다.
그 큰 두 눈에 고인 내 남편의 눈물을 다정스레 닦아주고 싶습니다.
당신한테는 딸이 아니라 조강지처가 최고라며 토닥여 주고 싶습니다.

저는 소망합니다.
남편이 며느리 사랑은 시아버지라고 하며 며느리를 예뻐라 할 때 옆에서 툴툴거리며 심술을 내고 싶습니다.
며느리보다 마눌에게 더 신경 써 달라고 실없는 소리도 해보고 싶습니다.
친구들과 해외여행 가면서 남편을 위해 곰탕 한 주전자 끓여 놓고 집 잘 지키고 있으라고 웃으며 말해주고도 싶습니다.
꼭 그런 날이 왔으면 좋겠습니다.

저는 소망합니다.
스물두 살에 만난 내 남자가 일흔이 되고 여든이 되는 모습을 보고 싶습니다.
하나님이 사랑하는 내 남편이 호호백발 할아버지가 되는 모습을 지켜볼 수 있게 해주셨으면 좋겠습니다.
부디 사랑하는 내 남편이 삶의 의지를 잃지 않도록 하나님이 그 마음을 다독여 주셨으면 좋겠습니다.

저는 남편과 하고 싶은 일이 너무나 많습니다. ㅜ.ㅜ
이 밤이 가고 아침이 오면 어떤 일이 우리 부부를 기다리고 있을까요?
내일 아침... 남편은 날 향해 맑은 눈빛으로 웃어줄까요?

아님 일주일 전 그 날처럼 텅 빈 눈으로 아무도 모르는 그만의 세상에서 헤어 나오지 못하게 될까요?

저는 희망을 선택하려 합니다.
비가 올 때까지 계속 기우제를 드리기 때문에 결코 실패해 본 적이 없다는 인디언의 기우제처럼 저는 남편이 치유될 때까지 남편이 일어설 때까지 절대 포기하지 않고 하나님께 떼를 쓰렵니다.
스물두 살... 그 눈부신 나이에 만나 이십 년이 훨씬 넘는 세월 동안 내 인생의 따뜻한 동행이 되어 왔던 사랑하는 내 남편을 절대로 포기하지 않으렵니다.
아무리 힘들어도 아무리 절망감이 엄습해도 남편의 곁을 꿋꿋이 지키렵니다!!!
내일 일은 내일 생각하기로 하구요~~~!

아... 이제 저는 달콤한 잠을 자야겠어요~
푹 자고 일어나면 뭔가 좋은 일이 있을 것 같은 예감이 들어요. ^^
하나님은 늘 제 기도를 들어주셨으니까요~~~!!!
앞으로도 쭉... 제 삶에 포기는 없습니다...
암... 없고 말고요~~~ ^^

너희는 마음에 근심하지 말라

하나님을 믿으니 또 나를 믿으라

⁞⁞⁞⁞ 요한복음 14:1

그러므로 내일 일을 위하여 염려하지 말라

내일 일은 내일 염려할 것이요 한 날 괴로움은 그 날에 족하니라

⁞⁞⁞⁞ 마태복음 6:34

내 것이 아닙니다.

한 때는 이 아름다운 집이 제 가장 큰 자랑이었습니다.
심혈을 기울여 꾸민 아름다운 우리 집...
잡지에 여러 번 나왔다고 내심 자랑스러워했던 우리 집...
행여나 때가 탈까 혹여나 먼지 탈까 닦고 쓸고 했던 우리 집...

하지만 남편이 아프고 보니 제가 있을 곳은 궁궐 같던 우리 집이 아니라 몇 평 안 되는 비좁은 병실이더군요.
피곤한 내 한 몸 누일 곳은 푹신하고 안락한 라텍스 침대가 아니라 딱딱하고 좁은 보조 침상이더군요.
내 꺼라 믿었던 남편과 공동명의로 되어 있던 자랑스럽던 내 집도 알고 보니 제 것이 아니었습니다.

바라만 봐도 뿌듯했던 참으로 고운 접시들, 참으로 예쁜 그릇들...
'난 왜 이렇게 꽂히는 게 많지? 남들은 그릇이면 그릇, 가구면 가구, 옷이면 옷... 하나만 꽂힌다는데 난 왜 이 모든 것을 다 갖고 싶지?' 라며 투덜대게 만들었던 내 못 말리던 그릇 사랑...
그 수많은 예쁜 그릇들도 남편과 함께하는 병실에선 아무 소용이 없더이다!
제가 황량한 병실에서 쓸 수 있는 건 보잘것없는 플라스틱 접시와 종이컵뿐이더군요.

15자 붙박이장에 가득한 수많은 옷들과 제가 사랑해 마지않던 명품 백들, 이 또한 제 것이 아니었습니다.
남편과 함께하는 병실에선 편한 추리닝과 레깅스면 족하더이다.
귀히 여기던 명품 백도 필요 없더이다.

어디 그뿐인가요?
이십 년 넘게 나의 자랑이었던, 나를 빛나게 해준다고 나를 완전케 해준다고 믿었던 내 남편도 제 것이 아닙니다... 내 것이 아닙니다.
의사들은 말합니다.
마음의 준비를 하라고, 이 또한 내 것이 아니라고...

이젠 압니다.
내 분신, 내 생명, 내 사랑하는 아이들조차 제 것이 아니라는 것을요.
이 아이들 또한 그분이 제게 잠시 맡기셨던 선물임을 제가 잊고 있었네요!

이와 같은 이유로 근심, 염려 또한 제 것이 아닙니다.
적혈구 수치가 모자라 수혈을 해도, 의사가 제아무리 무서운 말을 해도 그것은 내 것이 아닙니다... 그분의 것입니다.

너희 염려를 다 주께 맡기라
이는 그가 너희를 돌보심이라
(베드로전서 5:7)

근심, 염려는 다 주께 맡기고 내 남편 또한 주께 맡기고 저는 이 밤 또 기다립니다.
죽은 나사로를 살렸던 예수님이, 베데스다 연못의 38년 된 병자를 찾아가셨던 예수님이 친히 내 남편을 찾아오셔서 살려주시길 기다립니다.
내가 가서 고쳐 주리라 말씀해 주시길 기다립니다.
그분의 피 값으로 살리셨던 내 남편을 또다시 살려주시길 애타게 기도합니다.

내 것이 아닌 걸 내 것인 양 소유하며 자랑하며 욕심내었던 제 무지를, 제 교만을, 제 과거를 회개하며 눈물로 기도합니다.
의사의 권유로 내일 호스피스로 옮기는 울 남편이 무덤에서 걸어 나온 나사로처럼 그곳을 건강하게 걸어 나온 최초의 증인이 되도록 기도합니다.
하나님이 함께하시면 불가능한 일이 없을 줄 믿습니다!!!

인생은 B(Birth)와 D(Death) 사이의 C(Choice)라고 하더군요.
그러고 보니 인생은 늘 선택의 연속입니다.
저는 오늘도 희망을 선택합니다… 절망을 거부합니다.

내 남편이 살아서 하나님을 자랑하고 증거 할 수 있도록 그분께 매달립니다.
그리 아니하실지라도 평생 그분을 사랑하고 섬기겠지만,
오늘은 꼭 그리 해주시길... 눈물로 기도합니다.

2013년 10월 1일

여호와의 오른손이 높이 들렸으며

여호와의 오른손이 권능을 베푸시는도다

내가 죽지 않고 살아서

여호와의 행사를 선포하리로다

시편 118:16~17

10월 6일 마지막 여행

2012년 8월 남편과 단둘이 푸켓 여행을 계획했을 때, 전 저희 부부가 푸켓에서 죽을 거 같다는 원인 모를 불안감에 시달렸습니다!!!
하나밖에 없는 남동생이 2004년 12월에 푸켓으로 신혼여행을 다녀온 지 며칠 안 되어 푸켓에서 쓰나미로 인한 엄청난 인명피해가 있었기에 그런 생각이 들었는지도 몰라요.

아무튼, 저는 푸켓 여행을 가기 전부터 주변 정리를 시작했습니다. 당시 중2였던 딸아이와 대규모 전쟁을 치르고 있었던 저였지만 죽음을 예감하고 난 이후엔 딸아이에게 사랑한다, 고맙다는 표현을 더 자주 하게 되었고, 여행을 준비하는 엄마의 행동에 이상한 낌새를 느낀 딸아이는 엄마, 아빠가 여행에서 못 돌아올까 봐 눈물 바람을 하며 걱정을 했습니다!

제가 그때 왜 그런 이상한 불안감에 시달렸는지 모르겠지만 그건 아마 이십 년 이상 사랑한 남자와의 마지막 여행이라는 걸 미리 예감한 한 여자의 촉이 아니었을까 싶습니다.

푸켓 여행 내내 남편은 몰랐겠지만 제 마음은 참 비장(?)했어요.
사랑하는 남편과 이곳에서 행복한 기억을 남긴 채 함께 하늘나라로 갈지 모른다는 생각에 순간순간 열심히 기억하며 감사하며 맘껏 행복해했습니다.
그 마음은 푸켓 여행을 마치고 비행기에 오르는 순간까지 계속되었어요~
비행기에 올라 여행을 무사히 끝낼 수 있게 해주신 하나님께 감사했고, 우리 부부가 죽을 자리는 푸켓이 아니라 이 비행기 안이었구나... 그런 생각도 잠시 했던 것 같습니다.

인천 공항에 무사히 도착한 후에야 그 까닭 모를 불안감이 씻은 듯이 사라졌지만, 남편의 발병 후 제일 먼저 떠오른 게 하나님이 마지막으로 우리에게 이 여행을 선물로 주셨을지도 모른다는 생각이었습니다. ^^;

그래서 의사가 남편의 죽음이 얼마 남지 않았다고 선고한 응급 처치실에서 저는 가장 행복하고 아름다웠던 푸켓 여행을 떠올렸습니다. 남편과 작별하기 전 남편의 손을 잡고 또다시 여행을 떠나야겠다고 생각했습니다.

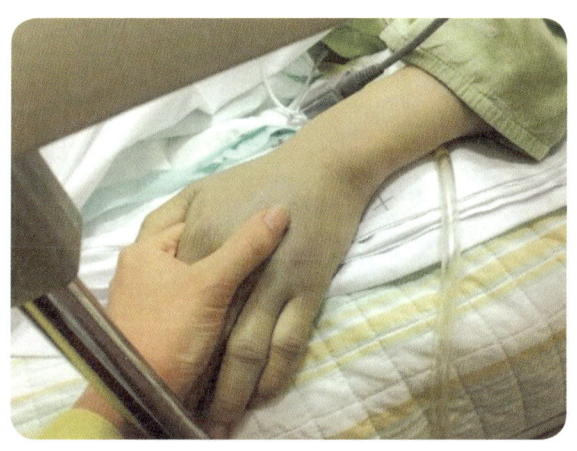

아무 의식 없이 산소호흡기에 의지한 채...
산소포화도와 혈압은 맥이 약해 측정도 되지 않고 120이라는 맥박만 유지하고 있던 남편...
끊임없는 주사에 손이 붓고 멍이 들어 푸르딩딩해진 내 남편의 고운 손을 잡고 저는 남편에게 말했습니다.

"자기야... 기억나?
우리 행복했던 푸켓 여행 기억나?
자기야... 우리 또 가자...
푸켓으로 함께 떠나자..."

남편의 손을 잡고 잔잔한 CCM을 들으며 저는 비몽사몽 꿈속에서 푸켓으로 떠났습니다.
남편과 함께 눈부시게 하얀 요트 위에서 푸르른 바다를 맘껏 떠다녔습니다.
10년 뒤에 둘이 다시 오자고 약속했던 그 바다 위를 1년 뒤 꿈속에서 함께 했던 거지요.
 비록 남편이 생사를 오가고 있는 처치실에서 퉁퉁 부은 남편 손을 붙잡고 떠난 여행이었지만 그 순간 저는 참으로 행복했습니다.

엄청난 파도 소리를 핸드폰에 녹음하며 회사 일로 스트레스받을 때마다 들어야겠다고 환히 웃던 남편이 생각나 꿈속에서 남편과 빠통비치도 맘껏 거닐었습니다.
기억나진 않지만, 작년 여행에서처럼 "나 잡아봐라~" 이런 놀이를 했을지도 모르겠네요. ^^

이 세상에 여자가 나 하나인 것처럼 평생 나만을 사랑했던 남편...
얼마 전에 남편에게 우스갯소리로 이런 얘길 한 적이 있습니다.

"자기야...
금실이 좋은 부부일수록 한쪽이 먼저 가면 남은 배우자가 금방 시집, 장가 다시 가는 거 알지?
난 만약에 내가 먼저 자길 떠나면 애들하고 청승 떨지 말고 꼭 새장가 들라고 말했을 텐데 자긴 어때?
자기가 먼저 떠나면 나... 또 시집가도 돼?"

사랑하는 내 남편은 아주 다급하게 외쳤습니다...
"안 돼... 절대 안 돼...!!!"
전 웃으며 남편에게 통박을 주었지요.
"이 나쁜 남편아...
왜 시집가면 안 돼?
남편이 마늘을 지켜주지도 못하고 먼저 떠나면 시집이라도 가게 해줘야지 왜 시집도 못 가게 해?
그럼 자기가 평생 건강하게 내 옆에 있어 줄 거야?"

남편은 활짝 웃으며 고개를 마구마구 끄덕였습니다.
"그럼... 그럼... 나 다 나았어 자기야...
내가 평생 지켜줄게... 자기야..."

그 후로 또 한 번 혹시나 하고 물어봤지만, 남편의 대답은 단호했습니다.

"내가 늘 자기 옆에서 지켜줄 테니까 걱정하지 마!!!"

그래서 저는 남편이 의식 없이 누워 있는 이틀 동안 끊임없이 남편 귀에 속삭였습니다.

"자기야 고마워. 자기야 사랑해.

내가 자기 아내로 살아서 얼마나 행복했는지 알지?

자긴 절대 먼저 간다고 미안해하지 않아도 돼.

남들이 4~50년에 줄 사랑을 자기는 이십 년 동안 그 몇 배로 쏟아 부어주었으니 절대 맘 아파하지 않아도 돼.

자기가 그랬지?

마눌이 크리스털처럼 연약한 줄 알았는데 알고 보니 다이아몬드 였다고.

그래...

난 반짝반짝 빛나지만, 너무나 강한 다이아몬드야.

자기가 없어도 내 곁에 없어도 자기 사랑 생각하며 자기 사랑 기억하며 행복하게 아이들과 잘 살 자신 있어.

너무 걱정하지 마... 슬퍼하지 마.
난 하나님이 잘 보살펴 주실 거야.

내가 더 잘할게... 괜찮아... 괜찮아... 다 잘 될 거야.
석환아 아무 걱정하지 마.
자기 부모님한테도 내가 더 잘할게.
자기 형제들한테도 내가 더 신경 쓸게.

애들 다 키우고 자기 곁으로 빨리 따라갈게.
천국에선 천 년이 하루 같으니 조금만 기다리면 될 거야.
여보... 아무 걱정하지 말고 편히 가서 기다려."

저는 남편 귀에 끊임없이 속삭였습니다.

남편은 아마 제게 마지막 여행을 선물해 주고 싶었나 봅니다.
3, 4일 전부터 의사가 이젠 마지막이라고 얘기했었는데 남편은 제게 이 여행을 선물해 주려고 끝까지 버티고 기다렸나 봅니다.

꿈결같은 여행이 끝나고 제가 눈을 뜬 순간
남편의 맥박은 120에서 80..., 80에서 50..., 50에서 30...,
그러다가 0이 되었습니다.

10월 6일 아침 9시 55분...
남편은 그렇게 제 곁을 떠나갔습니다.
자는 듯이 평화롭게 마지막 한숨도 들이쉬지 않은 채,
눈물 한 방울만 떨어뜨린 채 그렇게 가버렸습니다.

제가 사랑하는 남편을 처음 만난 건 이십몇 년 전 10월...
신촌의 한 하숙 집에서였구요.
남편과 연인이 된 건 1년 뒤인 이듬해 10월이었어요.
1996년 10월 26일에 우리는 결혼을 했고,
2013년 10월 6일 남편은 그렇게 제 곁을 떠났습니다.
10월은 우리에게 만남과 이별의 운명적인 달이었나 봅니다.

남편은 갔지만, 남편은 제 맘속에 제 글 속에 사진 속에 여전히 남아 있습니다.
아니 어쩌면 제 수호천사가 되어주며 제 옆에서 환히 웃고 있을지도 모릅니다.
고통 없는 천국, 우리 아버지 집에서 편히 쉬고 있을 남편...

전 사랑하는 화니와 만날 그 날을 기약하며 오늘부터 새로운 여행을 떠나려 합니다...
화니와의 즐거웠던 마지막 여행을 뒤로 한 채...

우리가 다시 만날 그 날까지 행복한 여정이 되기를

어떤 길은 기쁘고 또 어떤 길은 우울하니

그것이 의미 있는 길을 가는 법이지

이제 기쁜 길을 떠나길

──── 데일 에반스 (*Dale Evans*)

마지막 이야기
이별 그 후...

이제 ㄱ 만・・・
마지막 이야기

남편 없이 살아가기...

저는 남편이 이렇게 빨리 죽을 거라고는 한 번도 생각해 보지 않았어요.
그래서 영정사진 또한 준비하지 못했지요.
남편의 영정사진을 위해 핸드폰을 뒤지다가 사진 하나를 찾았어요.
이건 암 진단 5개월 후 둘째 아이 공개 수업 때 가발을 쓰고 찍었던 사진인데요.
이 와중에도 아들을 안고 활짝 웃던 남편의 모습이 너무나도 보기 좋아 이 사진으로 하기로 했답니다.
요즘은 기술이 좋아서 이걸 가지고도 양복 입은 영정사진을 뚝딱 잘도 만들어내더군요.
넥타이는 영~~~ 마음에 들지 않았지만, 영정사진 자체는 참 맘에 들었어요!
환히 웃는 울 화니가 꼭 이십 대 꽃미남처럼
보여서요~

아직 어린 애기로 생각되던 내 아들은 장례
식 내내 든든한 상주 노릇을 잘해주었습니다!
가끔씩 빈소 옆에 연결된 침대 방에 드러누워 "상주가 이렇게 누
워 있어도 되나?" 라며 웃기도 했지만요.

그나저나 전 장례식 내내 하늘이 무너지는 것 같이 슬펐지만 참 행
복하기도 했습니다~
남편이 너무 많은 사랑을 받고 가는 거 같아서요!!!
정승 죽은 곳에는 문상을 안 가도 정승 집 개가 죽은 곳에는 문상을
간다는 옛말이 있지요.

저희 양가 부모님들은 모두 퇴직하신 상태이고 아내인 저는 무직인
데다(마당발이긴 했지만 ^^;)...
삼성 연구원이었던, 일테면 정승이었던 남편이 죽었기 때문에 저는
문상객이 얼마나 올까 생각했었습니다!

회사 사람들과 남편의 대학 동기들, 그리고 저희 부부가 다녔던 교
회 식구들과 제 지인들이 전부일 거라 여겼었지요.
저희 부부는 친척들도 많지 않으니까요!

그래서 삼성 서울병원에 장례식장을 예약했을 때 처음엔 중간 사이즈의 빈소와 식당을 예약했다가 아주버님이 손님이 너무 적으면 쓸쓸해 보일 거라고 걱정하길래 제일 작은 사이즈의 빈소와 식당으로 다시 예약을 변경했습니다.

그런데 웬 걸...
빈소가 차려지기도 전에 제 블로그 이웃 언니들부터 암 카페 식구들이 찾아오기 시작하더니 교회 식구들은 버스 두 대로도 모자라 각자 차를 갖고서 문상을 오더군요.
남편의 회사 동료들과 대학 동기들, 써클 친구들도 줄줄이 찾아오기 시작했구요!

얼마나 많은 조문객들이 왔는지 저희는 방 하나로 모자라 더 큰 방을 하나 더 예약해야 했고 다음 날은 삼성 서울병원에서 제일 큰 방으로 옮겨야 했습니다!

정승 집 개가 아니라 정승이 죽었는데도 문상객이 넘쳐나는 걸 보고 전 생각하기 시작했어요.
내 남편은 대체 어떤 사람이었을까?
남편은 대체 어떤 삶을 살았기에 이토록 많은 사람들이 남편의 가는 길을 끝까지 지켜주는 걸까?

끊임없이 찾아오는 조문객들은 진심으로 남편의 죽음을 애통해 했고, 맘 아파했으며, 장례식 내내 수많은 사람들이 자기 일처럼 장례 절차를 도와주었습니다.
나중에 보니 남편의 회사 동료들뿐 아니라 남편이 함께 일했던 협력업체 쪽 분들도 잊지 않고 다 문상을 와주셨고 화환과 함께 거금의 조의금을 내주셨더군요.

전 남편이 저한테만 최선을 다하고, 저한테만 가장 좋은 남편인 줄 알았는데 남편은 자기가 있는 곳 그 어디에서나 최선을 다해 살았고 가장 좋은 만남을 가졌나 봅니다!

그런 남편이 저는 참 자랑스럽습니다.
그런 남편이 저는 참 그립습니다.
옆에 있으면 엉덩이를 툭툭 두들겨 주며 칭찬해 주고 싶습니다.

당신...
참 열심히 잘 살았노라고...!!!
당신 참 멋있는 남자라고...!!!

삼성 서울병원에서 발인을 끝내고 저희는 집이 있는 수원시 연화장으로 향했습니다.
경황이 없어서 납골당도 미처 알아보지 못했기 때문에 남편의 유골함은 수원시 연화장에 있는 납골당에 우선 안치하기로 했지요!
이곳은 다른 납골당처럼 자리가 돈으로 정해지는 게 아녀서 어느 자리에 안치될지 완전 복불복이었어요!
근데 남편의 유골함이 안치된 자리는 더도 말고 덜도 말고 딱 중간...
왼쪽으로 일곱 번째, 오른쪽으로 일곱 번째...
위에서 네 번째, 아래에서도 네 번째인 딱 중앙이었답니다!
그걸 보고 하나님께 얼마나 감사하던지...!!!

전 이때 이후로 늘 하나님이 제 삶에 개입하고 계심을 느낍니다.
하나님은 제 남편 대신 모든 걸 살갑게 챙겨주고 계십니다.
제가 밥이 안 넘어가서 '아... 죽이 먹고 싶다...' 이렇게 생각하면 여기저기서 죽이 배달되어 오고, '맛있는 김치가 먹고 싶다...' 생각하면 어김없이 너무나 맛있는 김치를 친구가 보내 줍니다!
그래서 저는 울 수가 없습니다... 슬퍼할 수가 없습니다.
너무나 살뜰하게 절 보살펴줬던 남편 이상으로 하나님이 절 돌봐주시니 불평할 수가 없습니다... 원망할 수도 없습니다... ^^;
한 번쯤은 왜 내 남편을 이렇게 일찍 데려가셨냐고 마구 투정이라도 하고 싶은데 그럴 수가 없습니다.
하나님은 완전 고수십니다...!!!

전 남편이 아직도 내 곁에 있는 거 같아서 "자기야..."라고 부르면 웃으며 금방이라도 달려올 거 같아서 남편의 부재가 아직 실감이 나지 않습니다.

하지만 세월이 한 겹 두 겹 쌓이고 쌓여서 남편의 빈자리가 가슴에 사무치는 날이면 가끔 운전대를 잡고 이십 분 거리의 이곳을 찾을지도 모르겠네요!

유골함이 안치될 때까지 끝까지 함께 해주었던 수십 명의 지인들, 그분들의 위로와 응원 속에서 남편의 발인은 꿋꿋하게 잘 마쳤고 삼우제도 눈물 없이 아픔 없이 잘 마쳤습니다.

그리고 전 요즘 남편 없이 살아가기 훈련 중입니다.
남편 없이 살아간다는 게 너무나 고통스러워 저는 새벽마다 하나님을 찾습니다.
새벽을 하얗게 지새우다 동이 틀 무렵 교회로 달려가 하나님께 묻습니다.

하나님... 울 남편... 거기 잘 있나요?
남편에게 신약, 구약 먹으면 암이 다 낫는다고 꼬셔서 머리털 나고 첨으로 성경1독 하게 했는데 성경을 읽게 한 효과가 좀 있나요?
울 남편 천국에서 낯설어하지 않나요?
아브라함, 이삭, 야곱, 모세 등등... 믿음의 선배들보고 누가 누군지 몰라 당황해 하지 않나요?

뭐... 울 신랑이야 어딜 가든 사랑받겠지요.
그 누구와도 스스럼없이 잘 어울리겠지요.
화니 덕분에 천국에 웃음소리가 더 커질 것도 같아요... 그쵸?

혹시 내 남편이 거기서도 엉덩이가 가볍게 이것저것 챙기느라 바쁘면 하나님이 좀 말려줘요... 제발 좀 말려줘요.
좀 편히 쉬다가 쉬엄쉬엄 일하라고 해주세요.
울 남편, 이곳에서는 참 많이 힘들었거든요.
새벽부터 밤까지 참 치열한 삶을 살았거든요.
모두에게 사랑받는 삶 사느라 정작 자신은 챙기지도 못했거든요.

하나님... 울 화니... 잘 부탁드려요.
천국을 낯설어하지 않게 천국을 온전히 누리게 하나님이 잘 보살펴주세요.

그리구요...
하나님이 내 남편을 데려가셨으니 하나님이 내 남편이 되어 주세요.
내 아이들의 아버지가 되어 주세요.

이 험악한 세상에서 남편 없는 제가 아빠 없는 아이들이 상처받거나 외롭지 않도록 하나님이 더 큰 울타리가 되어 주세요... 네?

그리고 화니... 화니야...

나는 잘 지내고 있어… 나는 잘 웃고 잘 자고 잘 먹으며 지내.
그러니 내 걱정 말고, 아무 염려 말고, 아이들과 나의 새로운 여행을 지켜봐 줘.
예전에 아이들만 데리고 한 달간 유럽 여행을 떠났을 때처럼 우리가 이곳에서 여행을 하고 있는 거라 생각해줘.
재미있는 여행 마치고 곧 집으로 돌아갈게.
내 아버지 집으로 갈게.

그때 우리 다시 웃으면서 보자.
여행 잘 마치고 왔다고 예전처럼 날 안아주라.
자랑스러운 마눌이라고 예뻐해 주라.

화니야…
매 순간 매 호흡마다 자기가 참 그립다.
하지만 나 울지 않을래.
자기가 나고 내가 자기니까… 자기는 늘 내 안에 있으니까.
그러니까 내가 없는 천국에서도 행복해야 해.
 자기의 웃음소리가 내 귓가에 울려 퍼져
나 또한 웃을 수 있도록 꼭 그렇게 행복해야 해.

사랑해.. 자기야… 너무너무 사랑해.

장의사마저도
우리의 죽음을 슬퍼해 줄 만큼
훌륭한 삶이 되도록 힘써야 한다.

┅┅ 마크 트웨인(Mark Twain)

이별 그 후…

선물

사랑하는 남편이 제 곁을 떠난 지 이제 보름 남짓 지났어요.
제 느낌상으로는 15년은 훌쩍 지난 거 같은데 말이지요!

남편이 없는 하루하루는 제게 1년처럼 길게 느껴집니다.
남편은 떠나면서 제게 또 다른 선물을 주었어요, '시간'이라는 선물을요.
시속 40㎞로 빨리 흘러가던 시간을 참으로 더디게 만들어 주었으니 말이에요.

전 요즘 친구들과 친한 언니들과 날마다 약속을 잡고 나갑니다.
한 번도 혼자서 밥을 먹은 적이 없어요.
주위 사람들에 둘러싸여 하루하루를 보내다 보니 심각하거나 우울할 겨를이 없네요.

하지만 자잘한 일상 속에서 남편의 부재를 경험할 때면 가슴이 철렁

하고 손끝이 떨려옵니다.
전 저 자신이 이렇게 숨을 쉬고, 웃고, 밥을 먹고, 잠을 자고, 하루를 견뎌내는 게 참 신통방통해요.
저는 남편이자 쏘울메이트이자 가장 좋은 친구를 잃었거든요.
하루아침에 자기가 지닌 가장 좋은 보물을 잃어버린 천하에 둘도 없는 불쌍한 여자거든요.
그럼에도 불구하고 저는 하나님이 주신 가장 좋은 선물. 평강을 누리고 삽니다.
가장 비참하고 절망적인 순간에 나와 함께 해주시고 천국 소망을 주시는 하나님 덕분에 저는 여전히 행복한 여자입니다.

지난주엔 어영부영 남편의 사망 신고까지 끝냈어요.
이건 사망한 지 한 달 안에만 하면 된다기에 최대한 늦게 하려고 했는데, 남편의 회사 퇴직금 문제 때문에 2주 안에 서류를 넘겨야 한다고 해서 번갯불에 콩 볶아 먹듯 시누와 함께 사망신고를 끝내고 왔습니다!
혼자 하면 참 힘들었을 텐데 근처 사는 손아래 시누가 밥도 사주고 동사무소까지 함께 해줘서 쉽게 끝낼 수 있었네요.
남편은 떠나가면서 제게 또 다른 선물을 주었어요. 사랑하는 가족을요. ^^
남편 가는 길에 약속했던 것처럼 전 앞으로도 쭉 시댁 식구들을 제 가족인 것처럼 사랑하며 살래요.
이제까지 보다 훨씬 더 사랑하고 살래요.

나중에 울 남편 만나면 잘했다 칭찬 들을 수 있게요. ^^

이런저런 절차를 진행할 땐 그냥 담담했었는데요.
사랑하는 남편의 주민등록증을 회수해 갈 땐 좀 울컥하더라구요.
요건 제가 기념으로 갖고 있고 싶었는데 말이죠!
그래서 회수해 간 걸 다시 달라고 해서 기념사진으로 남겨놓았어요~!!!

그나저나 남편의 죽음 후 제가 참 황당하고 염려스러웠던 것이 울 남편은 늘 자기가 다 나았다고, 걱정하지 말라고 얘기했었는데 눈 떠보니 천국이어서 얼마나 놀랐을까??? 요런 생뚱맞은 걱정이었답니다. ^^;

이렇게 빨리 갈 줄 알았으면 아이들한테 목소리라도 녹음해 놓고, 하고 싶은 말이라도 쓰게 해주고 나한테 남길 말도 꼭 하게 했을 텐데 말이죠.
울 남편이 3일 동안 말도 못하고 누워만 있다가 잠든 듯이 가버려 그게 너무 안타깝고 속상했어요.
그런데 장례식장에서 사촌 형님이 그러더군요.
제 남편은 이미 죽을 준비를 하고 있었다구요.

자기가 곧 죽을 거 같으니 장례 준비를 잘 부탁한다고 얘기했었다구요.

그 얘기를 듣고 왈칵 눈물이 쏟아졌지만, 한편으로는 다행이다 싶었어요.
화니가 이미 죽음을 예감하고 나름 자신의 죽음을 준비했겠구나 싶어서 마음이 놓이더라구요.
자다가 눈떠 보니 천국, 이런 황당한 시츄에이션은 적어도 없었겠지요. ^^;

하지만 그래도 저는 억울했어요.
그렇게 죽음을 예감했다면 나한테 미리 언질을 주지... 나한테 마지막 말이라도 좀 남기지...
울 애들한테도 아빠의 유언 좀 남겨주지... 참 속상하고 속상했습니다.

제가 장례식을 마치고 집에 돌아와 그것 땜에 한바탕 눈물 바람을 했더니 친정엄마가 말씀하셨어요.

"넌 대체 박 서방한테 어떤 말이 듣고 싶어서 그래?
박 서방은 내 귀에까지 딱지 앉도록 맨날 너한테 사랑한다고 말을 하던데, 그 말 말고 또 뭐가 듣고 싶었니?"

그 순간 전 뒤통수를 얻어맞은 듯한 충격에 휩싸였어요.
정말 그러네요.
남편은 늘 제게 사랑한다고, 이 세상에서 마누라가 제일 예쁘다고, 어떻게 너 같은 보물이 나한테 왔느냐며 달달한 멘트를 시도 때도 없이 날려줬습니다.
결혼한 지 17년이 된 이 날 이때까지요.
바쁜 업무 중에도 사랑한다는 문자와 카톡을 잊지 않았고 저와 함께 있는 순간은 늘 최선을 다해 주었어요.
암 투병 동안 저에게 싫은 소리 한 번 하지 않은 데다 아픈 와중에서도 마눌만 보면 천사 같은 해맑은 미소를 지어 주었답니다!

남편과 함께 있으면 저는 늘 세상에서 가장 행복한 여자요, 세상에서 가장 예쁜 여자였습니다.
마흔 넘은 아줌마가 아니라 처음 만난 이십 대 꽃띠 숙녀인 양, 마누라가 아닌 여자로서 살 수 있었어요!
남편은 삶으로 행동으로 제게 말해 주었었네요.
 "나는 당신밖에 없어… 이 세상에서 당신이 제일 좋아…"
이 남자와 살면서 저는 세상에 부러울 것 없는 공주였습니다.
제 어릴 적 꿈이었던 황태자비(?)… 남편은 단번에 이루어 주었습니다~!
 그런데 이 남자가 제게 또 엄청난 선물을 남겼네요.
이 남자는 늘 기대를 저버리지 않아요. ^^

전 얼마 전까지 끊임없이 절 다독였어요!!!
남편은 늘 나한테 사랑한다고 말해주었으니 따로 유언을 안 남겼다고 섭섭해 하지 말자구요!

사실, 남편이 나한테 할 말이 사랑한다는 말 말고 또 뭐가 있었겠나? 돈 관리도 다 내가 했고, 애들 잘 키워 달라 뭐 요런 말도 할 필요가 없었을 거고, 애들한테도 평소에 늘 사랑한다고 말해 준 자상한 아빠였는데 또 뭘 바래??? 싶었었지요.
이렇게 저 자신을 추스르고 있었는데 갑자기 남편의 자필로 쓴 편지를 받게 되니 정말 그동안의 속상함이 한 방에 날아갔습니다...!!!

참 짧은 글이었지만 이 안에는 제가 듣고 싶은 말, 아이들에게 해주었으면 하는 말이 다 들어 있었어요~
딸아이는 요즘 아빠가 자기 옆에 늘 함께 있는 거 같아서 더 열심히 살아야 할 거 같다고 나쁜 짓도 못하겠다고 말했었는데 어쩜 그게 정말이었나 봐요. ㅎㅎ
저도 신랑이 옆에 있는 기 같아서 밥을 하다가도 청소를 하나도 "자기야... 사랑해... 자기야 잘 지내지? 자기야 보고 싶어..." 이렇게 시도 때도 없이 말을 거는데 울 신랑은 정말 제 옆을 졸졸 따라다니며 그 말을 다 듣고 있을 것만 같아요.

남편이 떠나가기 전에 제가 남편에게 계속 얘기했었거든요.
천국 가서 하나님이 다른 일을 시키려고 하면 무조건 제 수호천사가 되게 해달라고 떼쓰라구요.
하나님이 울 신랑과 제 소원 들어주셨을까요?
그게 제가 받고 싶은 가장 큰 선물이었는데 말이지요. ^^

아무리 생각해도 참 신기해요!
우리 호야가 돌 무렵에 친구 남편이 외국계 종신 보험사에 입사해서 친구도 도와줄 겸 미래 보장도 할 겸 해서 들었던 종신 보험이 가장 큰 선물, 제 남편의 필체가 담긴 유언(?)을 가져다줄 거라고는 정말 상상도 못 했답니다!!!

그러고 보니 생각이 나요.
종신보험을 들기 전, 남편이 잠시 머뭇대며 뭔가를 적었던 그 순간이요!

10년 전 12월 7일,
딸아이의 생일이기도 했던 그 날 그 순간엔 남편이 10년 뒤에 천국에 가 있을 거라고는 전혀 생각하지 못했구요.
남편의 짧은 편지 한 장이 절 울리고 절 행복하게 만들어 줄 거란 것도 알지 못했어요.

제 친구 남편이었던 재무 설계사가 남편의 좋은 친구가 되어 병원에 있는 내내 수시로 드나들며 내 남편을 위로해 주리라는 것도, 남편에게 밥까지 떠먹여 주는 사이가 될 거라는 것도 알지 못했지요~

사람 일은 정말 한 치도 알 수 없습니다.
그래서 삶이란 살아볼 만한 가치가 있는 게 아닐까요?
10년 뒤에 죽을 걸 미리 알았다면 우리 부부의 우리 가족의 그 후 10년이 이토록 행복하고 즐겁지는 않았을 테니까요.

이제 저는 알아요.
이 땅은 잠시 잠깐이요 그 후에는 영원한 천국이 있다는 것을요.
이 땅에서는 사랑하는 아이들과 함께할 수 있어서 좋고, 죽어서 천국 가면 내가 내 목숨만큼 사랑했던 남편을 볼 수 있으니 전 사나 죽으나 행복한 여자입니다.

남편의 죽음은 제게 참으로 귀한 선물을 주었습니다.
전 세상에서 제일 무서운 죽음마저도 두렵지 않은, 세상에서 가장 행복한 여자입니다~ ^^

이별의 아픔 속에서만
사랑의 깊이를 알게 된다.

▥ 조지 엘리엇 (George Eliot)

그 남자 그 여자의 이야기

그 여자...
아침에 눈을 뜨며 낯선 공간에 당황한 채 여기가 어딘가 잠시 생각해 본다.
아... 그래... 여긴 집이 아니었지... 요양병원이었지...
남편이 작년 12월 갑자기 폐암4기 환자가 되어버린 이후로 그 여자의 생활은 180도 바뀌었다.

잡지에 여러 번 나올 정도로 심혈을 기울여 꾸민 자신의 예쁜 집이 아니라 삭막하기 이를 데 없는 병원의 손바닥만 한 공간에서 생활하기 시작한 게 벌써 한 달째이다!
급기야 얼마 전에는 뇌압 상승으로 의식을 완전히 잃은 남편 덕분에 앰뷸런스를 타고 응급실까지 다녀왔다.

그 여자...
쏟아지는 아침 햇살을 바라보며 생각에 잠긴다.

'작년 이맘때는 남편과 단둘이 푸켓 여행을 다녀왔는데…
올해도 이맘때쯤 남편과 해외여행을 가자고 손가락 걸고 약속했었는데…
작년 해외여행 때는 명품 백을 고사했으니 올해는 이쁜 녀석으로 하나 장만했을 텐데!!!'
지금 그 여자는 아무도 아는 이 없는 요양병원에서 점점 말을 잃어가는 남편과 단둘이 시간을 보낸다.

비록 남편이 암환자였지만 몇 달 전까지만 해도 상황은 아주 좋았다.
회사에서 꼬박꼬박 월급도 나오고, 남편은 암환자답지 않게 긍정적이고 씩씩한 웃음을 날리며 전투 의지를 확실히 보여 주었다!
비록 병원에서는 남편에게 6개월 여명을 이야기했지만, 크리스천인 그들에게는 의사들의 말 따위 안중에도 없었다!

"하나님이 꼭 낫게 해 주실 거야…
이 싸움은 우리가 이길 수밖에 없는 싸움이니 괜히 울고불고하느라 힘 뺄 필요 없어…
우린 이 시간을 감사하며 즐기면 되는 거야…"

그 여자는 남편을 위로하며 늘 용기를 북돋아 주었다!
경구용 표적 항암제를 복용하며 그 여자의 남편은 하루하루 눈에 띄게 좋아졌고, 그 여자와 그녀의 남편은 여행과 골프, 영화 보기 등의 문화생활을 하며 즐거운 시간을 보냈다.

그 여자...
하나님께 감사가 저절로 나왔다.
회사 일로 늘 바빴던 남편을 온종일 차지할 수 있어 행복했고, 남편이 통증으로 괴로워하지 않아서 감사했고, 물질적인 어려움 없이 투병생활을 할 수 있음에 무엇보다 감사했다.

하지만...
그 여자는 남편이 그처럼 한순간에 무너질 줄 몰랐다.
한 달 만에 몸무게가 8킬로가 줄고, 걷지도 못하고 대소변도 침대에서 해결하게 되리라고는 더더욱 몰랐다.
평생 든든한 울타리가 되어 주리라 믿었던 그 여자의 남편이, 늘 뚱땡이라고 놀렸던 남편이 몸에 근육이라곤 하나도 없이 뼈밖에 남지 않은 몸으로 초라하게 침대에 누워있으리라고는 상상조차 해 본 적이 없었다.

그녀는 그런 남편이 참 생소하고 낯설었다.
평생 그 여자에게 듣기 좋은 달콤한 말만 들려주던 그 남자가 이렇게 조용히 침대에 누워 자기만의 세상에 침잠해 있으리라곤 생각해 본 적이 없었다.

그 남자...
오늘 아침도 멍한 머릿속을 낯설어하며 잠에서 깬다.
내가 어제 과연 잠을 자긴 잤던가?
매일매일 하루하루가 어떻게 지나가는지 오늘이 며칠인지 머리가 뒤죽박죽이다.
그 남자가 한 마디 던질 때마다 난감해 하는 아내의 눈빛에 그 남자는 점점 말을 잃어간다.

그 남자는 낮과 밤이 혼란스럽다.
어느 게 꿈이고 어느 게 현실인지조차 이젠 구분이 안 간다.
7월 중순부터였나 계속 누워서만 생활했던 게...
두 달간 계속 침대 생활을 해서인지 팔다리 근육이 다 빠져나가고 움직일 때마다 온몸이 비명을 지른다.
아내가 걱정할까 봐 말은 안 했지만 여기저기 안 아픈 구석이 없다.
암이란 녀석은 폐에서 시작해서 뇌와 뼈로 순식간에 전이되었다고 하는데 뇌 때문인지 뼈에 있는 암세포 때문인지 아니면 아내의 주장대로 하도 누워 있어서 근육이 다 빠져나갔기 때문인지 몇 주 전부터는 일어서 있을 수조차 없다.
한 달 전 요양 병원에 처음 입원했을 때만 해도 혼자 화장실 정도는 갈 수 있었는데 이제 그건 꿈도 못 꿀 일이다.

예전부터 잠이 많았던 아내는 아이들이 어릴 적에 아무리 울어대도 일어나지 않았다.

새벽 출근하느라 힘들었던 때에도 그 남자는 아이 우는 소리에 잠을 깨고 피곤한 눈을 비비며 분유를 타서 아이에게 먹이곤 했다.
하지만 그걸 아는지 모르는지 그 남자의 아내는 사람들에게 늘 자랑하곤 했다.

"우리 집 애들은 하나같이 너무 순해서 밤에 한번 잠을 자면 아침까지 잠을 안 깨요..."

그 남자는 둘째 아이가 분유를 뗀지 한참 후에야 아내에게 고백했고, 아이들이 순하게 잠을 잔 게 아니라 자신의 잠이 지독했음을 그 여자는 비로소 알게 되었다.

그런데 그렇게 잠이 많던 아내가 그 남자의 작은 신음에는 번쩍번쩍 눈을 뜬다.
터질듯한 방광을 시원하게 비워주고 짓누르는 무거운 이불도 한쪽으로 치워준다.
애기 똥 기저귀도 어떻게 갈아줬을까 싶을 정도로 잠이 많고 몸 움직이기 귀찮아하던 아내는 가끔 툴툴대긴 하지만 간호사들도 칭찬하고 신기해할 정도로 그 남자에게 잘한다.
좀 전까지 우울하게 처져 있는 모습을 보이다가도 스마트폰 앱으로 좋아하는 목사님의 설교를 듣거나 성경을 읽고 난 뒤엔 전혀 다른 사람처럼 활기찬 모습을 보인다.
그 남자는 아내가 참 신기하다.

내가 저 여자의 저런 면을 좋아했었지... 그 남자는 잠깐 생각해 본다.

한때 아내가 크리스털처럼 연약하고 부서지기 쉽다고 생각한 적이 있다.
늘 약한 척(?) 하고 엄살이 많은 그 남자의 아내...
첫 아기를 가졌을 때는 물론, 둘째를 가졌을 때도 아내는 제 손으로 신발을 신은 적이 없다.
늘 신발을 신겨줘야 했으며 지퍼를 단단히 채워줘야 했다.
아내는 무거운 짐 하나도 제 손으로 들어 본 적 없으며 결혼한 지 17년인 지금까지도 요리하는 걸 귀찮아한다.
그 남자가 안 보는 줄 알고 그 여자가 아기 유모차를 혼자 번쩍 들다가 들키기 전까지 그 남자는 아내가 그토록 힘이 세고 강한 존재라는 걸 몰랐다.

하지만 아내는 참 강했다.
그 남자가 갑자기 암환자가 되어버려 세상이 무너졌을 법한데 아내는 우는 법이 없었다.
암 진단받고서 딱 며칠만 울더니 암이 나을 건데 울면서 속상해하면 바보짓이라며 눈물을 딱 그친다.
그리고선 암과 건강에 관한 온갖 책들을 읽으며 수많은 정보를 가져다준다.
그 남자는 아내가 참 고맙다.

그 여자는 남편이 참 고맙다.
스물두 살에 만난 그 순간부터 마흔이 훨씬 넘은 지금까지도 오로

지 자신만을 사랑해 주며 공주 노릇 하게 해준 것도 감사하고 암에 걸린 지금 이 순간까지도 늘 웃는 모습을 보여주는 것이 예쁘다.

그 여자는...
남편이 오래오래 자기 옆에 있어줬으면 좋겠다.
똥 기저귀를 날마다 갈아대더라도, 날마다 밤잠을 설치더라도 그 남자가 꼭 자기 옆에 붙어 있었으면 좋겠다.
그 여자는 남편이 없는 세상을 상상하는 것만으로도 죽을 것 같다.

그 남자는...
자신의 죽음을 예감한다.
죽음이 얼마 안 남았음을 알고 있다.
사진 찍기 좋아하는 그 여자를 향해 늘 힘차게 V자를 그리며 웃어주었는데 이젠 V자를 만들기도 힘이 든다.
암이란 녀석이 조만간에 자신의 몸을 깨부수게 될 것임을 알고 있지만 차마 그 여자에겐 말할 수 없다.

그 남자는...
늘 그녀에게 웃으며 말한다.
"자기야... 난 다 나았어... 걱정 마... 곧 일어날 거야."
그 남자는 참으로 살고 싶었다.
그 여자를 떠나간다는 생각만 해도 가슴이 무너지는 것 같다.
하지만 그 남자는 안다... 자신이 곧 떠나게 될 것임을.

그 남자가 떠났다... 자는 듯이 가버렸다.
진통제가 듣지 않을 때부터 의사 선생님이 마음의 준비를 하라고 말할 때부터 남편의 죽음을 조금씩 준비하곤 있었지만, 그 남자가 이렇게 갑자기 떠나버릴 줄은 몰랐다.
그녀의 세상이 한순간에 무너지게 될 줄은 몰랐다.
어둠이다... 절망이다... 눈물뿐이다.
매일매일 그녀는 남편이 그립다.
그 남자를 안고 싶고, 그 남자를 만지고 싶다.

존재의 부재가 주는 죽을 것 같은 아픔 속에서 그녀는 오늘도 숨을 쉰다.
또 하루를 살아간다.
죽을힘을 다해 그에게 한 걸음 다가간다.

'그러다 보면 언젠가 그 남자에게 닿을 수 있겠지?'
그녀는 생각한다.

참 신기하다.
아이들보다도 남편을 더 사랑했던 그 여자...
남편이 없으면 자신은 한순간도 호흡할 수 없다고 생각했던 그 여자...
오늘도 웃을 수 있고, 오늘도 감사할 수 있고, 오늘도 행복하다.
남편을 보내고 그녀가 절망했던 순간은 딱 3일... 그 여자는 또 오뚝이처럼 일어선다.

그 여자는 안다.
이 땅에서의 삶은 찰나라는 것을, 그 남자와 함께했던 기억 또한 하늘이 주신 소중한 선물이었다는 것을...
자신에게 남은 시간이 하루일지 이틀일지 50년일지 모르지만 그 하루하루를 감사하며 소중히 여기며 살아가야겠다고 그 여자는 생각한다.
다른 사람을 도우며 다른 사람에게 힘이 되는 그런 삶을 살아야겠다고 생각한다.
남편을 천국에서 다시 만날 그 날까지 그 여자는 맘껏 행복하리라 결심한다.

그 남자도 그녀 곁에서 빙긋이 웃는다.
그들은 늘 함께이다.
죽음도 그들을 갈라놓을 수는 없다.
삶과 죽음은 종이 한 장 차이이기에...

그녀는 오늘 아침도 큰 소리로 웃으며 그 남자에게 말을 건다.
"자기야... 사랑해... 오늘 하루도 씩씩하게 잘 살아갈게!!!"

그 남자는 그 여자가 참 고맙다.
죽음이 끝이 아님을 알고 있어줘서 참으로 고맙다.
그 남자가 천국에서 편안한 마음으로 바라볼 수 있게 해줘서 너무나 감사하다.

그 남자는 이제 그만 그 여자에게서 눈을 거두고 바쁘게 이동한다.
이제 하나님이 시키신 일을 해야 할 차례이다!
사랑하는 그녀를 바라보다 하나님이 시키신 일을 놓칠 뻔한 일이 부지기수다.
이젠 하나님이 그 남자에게 맡기신 일을 즐겁게 마치도록 해야겠다!

그 남자는 지금 이 순간이 참 좋다.
눈물 없이, 아픔 없이 그녀와 아이들을 바라볼 수 있어서 참 감사하다.
그 남자는 천국에서의 삶이 참 좋다. ^^

죽음은
죽지 않는 유일한 것이다.

▨ 존 페인(*John L. Payne*)

> 아들아 쏘리!!!
> 하나님 땡큐!!!

얼마 전에 제가 무지무지 바빴던 날이 있었어요.
하루에 약속이 세 탕이나 있던 날이었죠!
며칠 동안 청소를 못 했던 터라 아침에 청소기도 돌려야 하고 설거지도 해야 하고 잠실에서 점심 약속이 있어서 약속 시간에 맞춰 가려면 시간이 무지 빠듯했었어요.
근데 하필이면 그 바쁜 날에 울 아들 녀석이 학교 준비물을 놓고 등교를 했지 뭐예요.
뭐 그런 일이 가끔 있긴 하지만 그 날만은 피해 줬으면 좋으련만... 세상살이가 늘 그렇지요 뭐. ㅎㅎ

아직 등교 시간 전이어서 집에 와서 갖고 가라고 엄만 무지 바쁘다고 조용히 얘기했더니 알았다고 전화를 끊더니만 울 아들 15분 뒤에 또 전화를 했더라구요.
울먹이는 목소리로 자긴 이미 학교에 도착했으니 엄마가 갖고 와 달라구요!!!

이 녀석 5학년 남자애가 아직도 잘 웁니다!!!
지 아빠 장례식 때는 눈물 한 방울 안 흘리더니 울 일도 아닌 일에는 참 잘도 웁니다.^^;

한 달 전쯤에는요...
셋이 살기엔 우리 집이 너무 크니까 할머니 집 근처 30평대로 이사 가는 게 어떠냐고 아이들에게 슬쩍 운을 떠보았어요.
그랬더니 아들 녀석이 그야말로 대성통곡을 하더군요.
딸아이는 20평대든 30평대든 자긴 상관없다고 엄마 청소하기 힘들고 귀찮으니까 좀 더 작은 집으로 이사 가자고 쌍수를 들고 환영해 줬었는데, 요 쥐방울 같은 녀석은 절대 이사 못 가겠다고 난리더군요.
그래서 저 이사도 못 가고 그냥 눌러살기로 했습니다!

청소도 너무 귀찮고 집이 너무 커서 맘이 휑한데도 자긴 절~~~대 더 좁은 집에 안 가겠다고 우는 아들 녀석 때문에 저... 어쩔 수 없이 이사 계획을 접었네요. - -;
전 새로운 집에 가서 예쁘게 인테리어 하고 새 마음 새 뜻으로 살고 싶었는데 말이죠~~~

어쨌든 아침부터 너무너무 바쁜데 엄마 심부름 시키는 것도 그렇고 다 큰 사내 녀석이 울먹울먹하는 것도 그렇고 해서 제 목소리가 평

소보다 조금 높아졌어요!!!
"호야, 정신 좀 차려!!!
준비물은 진작 챙겨갔어야지 엄마가 몇 번이나 확인했는데 그걸 안 챙겨 가면 어떡하니?
엄마 무지 바쁜데 정말!!! 제발 정신 좀 차리고 다녀!!!"

전화를 끊자마자 준비물 생각에 안절부절못하고 있을 아이 모습이 떠올라 저는 세수도 못 하고 부랴부랴 10분 거리의 학교로 막 달려갔어요!
아들 녀석을 불러내기 전에 선생님과 딱 마주치는 바람에 부스스한 모습을 선생님께 들키고 오긴 했지만 뭐 임무는 잘 완수하고 왔으니 나름 뿌듯했습니다!!!
'난 역시 좋은 엄마야' 이러면서요. ^^

그런데 집으로 돌아오는 그 짧은 길에 뭔가 제 얼굴 위를 스멀스멀 기어가는 낯 뜨거운 느낌이 자꾸 들지 뭐예요.
내가 뭔가 죄지은 게 있는데 그걸 아는 누군가가 눈앞에서 빤히 바라보는 듯한 이상한 느낌...!!!
그러다가 딱 내 머리를 스쳐 가는 단어가 있었어요... '정신 차려!!!'

제가 약간 흥분한 상태에서 딱 2번 얘기했던 이 단어가 집에 가는 내내 자꾸 마음에 걸리지 뭐예요?

전 요즘 정신 줄 놓고 살거든요.
핸드폰도 세탁기에 이불과 함께 돌린 데다 쇼핑백도 놓고 다니고 멍하게 운전하다 집으로 가는 커브 길을 놓쳐서 빙~ 둘러서 올 때도 많답니다!!!
그런 제가 아빠 잃은 지 한 달 조금 넘은 어린 녀석에게 정신 차리라고 짜증(?)을 냈다는 게 너무너무 미안하고 부끄러웠어요.
하나님이 내 눈앞에서 빙긋이 웃으시며 이렇게 말씀하시는 거 같았다니까요.

"승아야, 난 니가 아무리 정신없이 행동해도 한 번도 정신 차리라고 꾸짖은 적 없다."

아이궁... 그러게 말이예욧!!!
나는 더 정신 줄 놓고 살고 있으면서 제가 보듬어 주고 챙겨 줘야 할 아이한테 아침부터 큰소리를 쳤으니 전 참 부족한 엄마입니다.
ㅜ.ㅜ

아침에 있었던 일이 내내 마음에 쓰이다가 바쁜 하루를 마치고 집에 돌아온 아들아이에게 이렇게 얘기했어요.
꽉 껴안아주면서요~

"호야... 엄마가 미안해. 아침에 엄마가 정신 차리라고 짜증 내서 쏘리..."

이쁘고 씩씩한 울 아들은 웃으면서 쿨하게 외치더군요~

"엄마, 오늘 준비물 갖다 줘서 땡큐!!!"

저는 또 속으로 하나님께 말했지요...

"아부지, 정신 차리라고 나한테 야단치지 않아서 땡큐!!!"

우린 정말 닮은꼴 모자지요? ㅎㅎ
정신 줄 놓고 사는 것도 그렇고, 금방 용서하고 금방 헤헤거리는 것도 그렇고...!!!

그나저나 앞으로는 정말 정신 똑바로 차리고 살아야겠어요.
요즘 제가 너무 칠렐레 팔렐레 정신 줄 놓고 다녀서 하나님이 제 뒷수습 하시느라 넘 힘들 거 같다는 생각이 드니 말이에요. ^^;
울 아들 덕분에 하나님 마음도 쬐끔 알 거 같아요!
상황이 상황인지라 저한테 뭐라 말은 못하시고 이제껏 웃으면서 뒤처리 다 해주셨는데 제가 아들 녀석한테 하는 모습 보고는 조금 황당하셨을 거에요. ㅋㅋ

"야... 니 생각은 못하고, 왜 니 아들을 잡냐?!!!"
울 아부지가 이 말이 얼마나 하고 싶으셨을까요?
"네... 알았어요... 저도 이젠 정신 차리고 살게요~~~ 꼭이요!!!"

행복을 잃을 수 있는 한
그래도 우리는
행복을 가지고 있다.

||||| 뉴턴 타킹턴(*Tarkington, Newton Booth*)

별에서 온 그대,
별로 떠난 그대...

남편이 떠나간 후 저는 '응답하라 1994'와 함께 울고 웃으며 남편과의 추억을 되새겼습니다.
남편과의 신촌 하숙집 생활을 떠올리게 해 준 응사는 하나님이 우리 부부에게 남겨 준 선물이 아닐까라는 생각이 들 만큼 우리 부부의 과거와 참 많이 흡사했거든요.

그토록 몰입해서 보았던 응사가 끝나고 난 뒤 제 유일한 낙은 '별에서 온 그대'였어요. ^^
너무나 사랑스러운 전지현에 빙의되어 드라마에 빠져 있다 보면 일주일이 어떻게 지나가는지 모르겠더라구요!!!

사랑스럽지만 백치미가 철철 넘치는 천송이~~~!!!
그녀의 모습에서 남편에게 알랑거리던 제 모습이 마구 엿보였기에 저는 감정이입이 확~되어 버렸습니다!!!
제 딸아이와 아들내미도 별 그대를 보면서 천송이가 하는 짓이 어쩜

그리 엄마랑 똑같냐며 마구 웃었으니까요. ^^

그리고 너무나 멋진 남자... '별에서 온 그대' 김수현을 보면서 저는 우습게도 먼저 떠난 내 남자 화니를 마구마구 떠올렸어요!!!
그리고는 가끔 엉뚱한 상상을 하곤 했습니다...
　'내가 사랑했던 화니도 저 멀리 '별에서 온 그대'가 아니었을까? 머나먼 별에서 나를 만나러 왔다가 나에게 너무나 행복한 17년의 결혼 생활을 선물해 주고 자기가 왔던 별로 되돌아간 게 아닐까? 너무 똑똑했던 그 남자는 자기가 먼저 떠난다는 사실을 알고 어떤 여자도 받아보지 못한 사랑을 내게 홍수처럼 퍼붓다 간 게 아닐까?'
이런 우스운 상상을요. ㅎㅎ

당신은 날 위해서 어딘가에 존재해 줘...
날 위해서 죽지 말고 어딘가에 존재해 줘...
그러니까 내 말은... 가!!! 당신이 있었던 곳으로...!!!
안 가면 안 된다며... 죽는다며... 지금도 힘들다며...
그러니까 가라구!!!
당신이 어딘가에 살아있다는 사실만으로도 난 살 수 있다구...
세상 어디에도 없는 것보다 그편이 쉽다구...
　(by 천송이)

네... 별 그대의 영향인지는 모르겠지만, 저도 남편의 죽음을 문자 그대로 받아들이지 않아요.
저는 남편이 자기가 왔던 곳으로 되돌아갔다고 생각해요~
내가 사는 곳보다 내가 숨 쉬는 곳보다 더 멋진 곳, 눈물도 슬픔도 아픔도 없는 천국이란 별로 돌아갔다고 생각해요.
지금 내가 만질 수도 붙잡을 수도 껴안을 수도 없지만, 내가 알지 못하는 어딘가에 그가 살아있다는 생각에 저는 하루하루 웃고 숨 쉴 수 있어요.
내 남자는 세상 어디에도 없는 존재가 아니라 천국이란 머나먼 별로 돌아갔을 뿐이니까요!

예전에 누군가가 그러더라구요.
작별 인사는 미리 하는 거라고... 진짜 마지막이 오면 작별 인사 같은 건 할 수 없다고.
감사했습니다... 잊지 않겠습니다...

(by 도민준)

정말 그렇더라구요!
진짜 마지막이 오면 작별 인사 따위 할 틈이 없더라구요!!!
그래서 제 남편은 날마다 미리 작별 인사를 했었나 봐요.
사랑한다고 감사하다고 너같이 멋진 여자를 만나 정말 많이 행복하다고 매일매일 그렇게 달콤한 말들을 속삭여 주었나 봐요.

이 멋진 남자는, 이 멋진 초능력자는 자신이 왔던 별로 돌아가기 전에 자신이 가진 최고의 초능력을 제게 발휘해 주었어요.
내 눈에 콩깍지가 벗겨지지 않도록 날마다 제게 마법을 걸어 주었어요.

너는 이 세상에서 제일 예쁘고 사랑스러워.
널 만난 건 하나님이 내게 주신 최고의 선물이야.
내 눈에 너는 영원히 스물한 살 예쁜 숙녀야...
어디서 이렇게 이쁜 게 내게 왔을까...

(by 화니)

네~~~ 화니는 제가 아는 가장 멋진 초능력자였어요. ^^
그와 함께 한 17년의 결혼 생활이 정말 꿈결같이 행복했으니까요.
그가 보는 세상에선 그가 멈춘 시간 속에선 저는 전지현이 부럽지 않은, 정말 아름다운 공주요 여왕이었으니까요.

이제 저는 혼자, 아니 그가 남겨 준 두 아이들과 함께 그가 없는 이 세상에 남겨졌습니다.
너무나 멋졌던 슈퍼맨 같은 내 남자는 자기가 왔던 별로 되돌아갔지만 저는 이제 이 땅에서의 삶을 계속 해야 합니다.
저는 그 남자가 제게 보여 준 가장 큰 초능력, 사랑을 먹고 살면서 오래도록 이곳에서 행복하게 살 의무가 있습니다!!!

저 또한 천국이란 별로 돌아갈 때까지 내가 가야 할 시간이 올 때까지 '감사했습니다... 사랑합니다... 잊지 않겠습니다', 늘 이렇게 고백하며 살아야 합니다.

세상 어디에도 없지만 어딘가에 존재하고 있을 머나먼 별 천국에 있는 그를 위해, 별로 떠나 버린 아름다운 그를 위해, 살아가는 매 순간 감사하며 살아야 합니다.
그것이 먼저 별로 돌아간 그가 내게 남긴 단 하나의 미션이니까요~~~!!!

사랑합니다... 고맙습니다.
당신을 영원히 잊지 않겠습니다.

(by 화니하니)

행복은 입맞춤과 같다.
행복을 얻기 위해서는
누군가에게 행복을 주어야만 한다.

|||| 디어도어 루빈(*Theodore Issac Rubin*)

주인에게 돌아가다.

어제 은혜로운 주일 예배를 마치고 시부모님과 교회에서 맛있는 점심 식사를 한 뒤 딸아이랑 도란도란 이야기를 나누며 집으로 향하던 중이었어요~

그런데 집 바로 앞 화단에 너무 귀여운 아가 새들이 종종거리며 걷고 있지 뭐예요?

예쁜 아가 새들 앞에는 초등학생으로 보이는 두 자매가 열심히 사진을 찍고 있었는데요.

울 모녀가 꺅꺅거리며 예뻐하니까 요 녀석들이 잘 보이게끔 우리 앞으로 몰아주더군요~

아가 새들의 주인으로 보이는 두 자매에게 어쩜 새들이 날아가지도 않고 이렇게 가만히 있느냐고 물었더니 글쎄 이 예쁜 아가들은 새가 아니라 병아리랍니다. ㅍㅎㅎㅎ

새가 아니라... 병아리...

전 노란 병아리만 봤지 요런 신기한 병아리는 처음 봤어요. ^^;
음... 전 완전히 무식쟁이입니다... ㅜ.ㅜ

이렇게 특이한 병아리는 처음 봤다고 어떻게 이런 병아리를 갖게 되었냐고 물었더니 자기 집에는 부화기가 있어서 달걀로 병아리를 부화시킬 수 있다고 하더군요.
부화시킨 병아리도 건강하게 닭으로 자랄 수 있는지 궁금해서 닭이 될 때까지 키워본 적이 있느냐고 물어보았어요.
그랬더니 그 자매 왈, 자기들은 계속 달걀을 받아 부화만 시키고 어느 정도 큰 병아리들은 부화기를 빌려준 원래 주인에게로 돌려준다고 합니다~

기껏 키운 병아리들을 돌려주면 너무 섭섭하지 않으냐고 하자 그 아이들은 환하게 웃으며 이렇게 말했어요!

"아니에요... 원래 주인은요... 우리 엄마 직장 상사분인데요.
그 집은 마당이 엄청 넓어서 개도 많이 키우고 닭들도 많이 있대요.
좁은 집에 있는 것보다 넓은 마당에서 자라는 게 이 녀석들에게도 훨씬 좋을 거예요."

하긴 우리 집 강아지 미니도 온종일 집에 있다가 밖에 나가자고 하면 좋아서 날뜁니다. ^^

동물들은 자연의 냄새를 맡으며 자라는 게 옳겠지요~
그 어린 자매들은 진정한 사랑이 뭔지 벌써 알고 있나 봅니다.
보내주는 게 사랑일 수도 있다는 걸 그 아이들은 알고 있나 봅니다.

아이들과 웃으며 작별인사를 한 뒤 집으로 오면서 딸아이에게 이야기했습니다.

"은아... 아빠도 그러시겠지? 아빠도 원래 주인인 하나님한테 돌아가서 더 자유롭게 더 행복하게 지내고 있겠지? 아빠를 웃으며 떠나보내는 게 남은 우리가 아빠에게 보여줄 수 있는 최고의 사랑이겠지?"

요즘 제가 남편의 빈자리 때문에 너무 힘들어하니까 하나님이 그 자매를 만나게 해주신 게 아니냐는 생각도 잠시 들었습니다~

그러게요... 우린 다 원래 주인에게 돌아가야 할 사람들인걸요.
이 땅에 천 년 만 년 살 수 있는 사람인 양 하루를 보내고 있지만 주인이 오라시면 언제든 이 땅의 장막을 걷고 주인에게로 가야 하는 나그네인걸요!
전 또 그 사실을 잊고 살았나 봅니다. ^^;

매일매일 명심... 또 명심하며 살아야겠어요~
나는 언젠간 주인에게 돌아가야 할 사람이라는 것을...
그리고 그 주인집은 이곳보다 훨씬 아름답고 행복한 곳이라는 것을...
돌아갈 집이 있는 나는 참으로 행복한 사람이라는 것을~~~!!!

너희는 마음에 근심하지 말라

하나님을 믿으니 또 나를 믿으라

내 아버지 집에 거할 곳이 많도다

그렇지 않으면 너희에게 일렀으리라

내가 너희를 위하여 처소를 예비하러 가노니

가서 너희를 위하여 처소를 예비하면

내가 다시 와서 너희를 내게로 영접하여

나 있는 곳에 너희도 있게 하리라

▥ 요한복음 14:1-3

짝

저는 '짝'이라는 프로그램을 무지 좋아했어요!
밤 열 시면 꾸벅꾸벅 졸음이 쏟아지는 통에 드라마도 제대로 못 보는 제가 수요일 밤마다 눈에 졸음이 가득 차도 꼭 '짝'을 보고 자곤 했지요!

왜 내가 '짝'이라는 프로그램을 이토록 좋아할까 곰곰이 생각해 본 적이 있는데요.
그건 아마 요런 심리가 아니었나 싶습니다!!!

'에궁... 너네는 짝이 없어서 어떡하니... 나한테는 이런 멋진 남편이 있는데~~~^^'

치열했던 20대보다 삼십 대와 사십 대의 삶이 더 행복했던 건 아마 남편이라는 최고의 짝이 있었기 때문이 아니었나 싶어요.
전 늘 석환이의 영원한 하니(honey)가 되고 싶었고... 그래서 제 블로그 닉네임 또한 환이의 하니, 화니하니가 되었답니다!

제 네이버 아이디인 prs1026은 남편과 결혼한 10월 26일부터 princess 가 되었다는 뜻이구요~

펄펄 나는 저 꾀꼬리
암수 서로 정답구나
외로워라 이 내 맘은
뉘와 함께 돌아갈꼬... ㅜ.ㅜ

그런데 이제 저는 짝 잃은 외기러기가 되었네요!
한 번도 다른 사람을 부러워 해보지 못했던 저는 요즘 아주 낯선 감정에 시달리고 있습니다~
짝 있는 여자들은 다 이유를 막론하고 그냥 부러운 거지요. - -;
길 가다가 즐겁게 지나가는 커플만 봐도 가슴에 돌멩이가 꽉 짓누르게 되는 거죠.
음... 저는 한순간 세상에서 가장 불쌍한 여자가 되었습니다. ㅜ.ㅜ
남편이 있을 때엔 세상이 무지갯빛이었는데 남편이 없으니 온통 세상이 먹빛입니다!!!

그런데 다시 한 번 잘 생각해 보니 제가 남편을 이토록 사랑하게 된 거에는 분명 이유가 있습니다!!!
저도 한때 남편이 마구마구 미웠던 적이 있거든요.
옆에만 있어도 짜증 폭발이었던 적이 있거든요.

지금으로부터 십여 년 전,
집이 있던 강남에서 남편 직장인 수원까지 출퇴근하는 시간이 너무 오래 걸려서 남편이 육아에 도움을 주려나 싶어 아무 연고도 없는 수원으로 이사를 왔었어요.
그런데 이사 온 지 오래지 않아 남편이 덜컥 천안으로 발령이 났지 뭐예요. ㅜ.ㅜ

아이는 둘 다 어려 엄마의 손길을 많이 필요로 하고, 남편은 주말에도 얼굴을 보기 힘들고, 그게 다 우리 가족을 위해 열심히 일하는 것이었음에도 불구하고 저는 남편이 참 야속했어요.
남편을 회사에 뺏겼다고 생각했거든요~
사랑하는 남편이 저보다 회사를 더 사랑한다는 생각에 저는 하루가 다르게 우울해졌고, 남편과 사소한 일로 말다툼한 어느 밤엔가는 정말 끔찍한 생각까지 한 적이 있습니다!

어느 깜깜한 밤 창문에서 계속 소리가 들리는 거예요.
'뛰어내려... 뛰어내려...
니가 뛰어내려야 니 남편이 후회를 할 거야.
본때를 보여줘... 니 남편을 후회하게 만들어... 어서 뛰어내려.'

나중에서야 깨달았지만 그건 사단의 속삭임이었던 거 같아요!
저를 구렁텅이에 빠트리는 우울증 초기 증세이기도 했구요~
물질적으로 아무 부족함이 없고, 날 끔찍하게 사랑해 주는 남편이 있고, 눈에 넣어도 안 아픈 자식들이 있음에도 불구하고 내 안에 하나님이 없으면 그 삶이 아무 의미가 없다는 걸 그 당시의 저는 잘 몰랐어요~
어릴 적부터 엄마 때문에 교회에 다니긴 했었지만, 대학 이후론 하나님을 잊고 살다가 결혼 후 양가 부모님의 눈치가 보여 가끔 교회에 나가는 날라리 신자였거든요. ^^;

삶에 대해 별 의욕도 열정도 없던 제가, 잠깐이나마 육아 우울증을 앓던 제가 바뀌기 시작한 건 성경공부를 통해 하나님을 만나게 되면서부터였어요!
성경 곳곳에서, "내가 널 사랑한다. 널 사랑하기 위해 내 사랑하는 아들까지 네게 줬다"고 말씀하시는 하나님을 만나게 되면서 제 삶은 180도 달라지기 시작했어요~!

성경 말씀이 꿀 송이 보다 달게 느껴져 한 달 만에 성경 1독을 끝냈던 그때, 하나님을 만난 그때, 하나님의 사랑이 저를 압도하던 그때 전 하나님께 기도했습니다.

"하나님...
하나님이 허락하신 제 남편을 온전히 사랑할 수 있게 해주세요.
남편을 미워하지 않고 남편을 원망하지 않고 그를 온전히 품을 수 있게 해주세요."

신실하신 하나님은 제 기도를 들어주셨어요~
남편이 안아주려고 하면 밀어내기만 하고 늘 남편에게 독화살을 쏘아 대던 제가 남편 없이는 죽고 못 사는 남편 바보가 되었어요.
교회에서도 어느 곳에서도 소문난 잉꼬부부가 되었구요.
그렇게 하나님은 절 변화시키셨어요. ^^
남편에 대한 사랑으로 가득 차게 만드셨어요~
그래서 저희 가정은 그 후로 쭉 천국이었답니다!!!

이제 제겐 목숨보다 귀히 여기던 짝이 없어졌네요~
늘 사랑의 눈으로 사랑의 언어로 절 행복하게 만들어줬던 제 영원한 쏘울메이트가 없어졌네요~~~

"자긴 너무 예뻐... 난 자기밖에 없어."
이렇게 속삭여 주던 사랑하는 내 남편을 볼 수도 만질 수도 없네요~~~

하지만 저는 외로워하지 않으려구요~
남편 대신 제게 끊임없이 사랑을 고백해 주는 하나님이 있으니까요.
사랑한다... 사랑한다... 너는 내 것이다... 고백해 주시는 그분이 있으니까요!

내 사랑아 너는 어여쁘고 어여쁘다
네 눈이 비둘기 같구나

(아가1:15)

라고 말해주는 제 영원한 짝이 있으니까요~

뭐...저는 짝 없는 불쌍한 외기러기가 아니에요~
많은 물도 꺼트리지 못하는 홍수라도 없애지 못하는 엄청난 사랑의
불길로 저를 압도하는 그분이 바로 제 짝이거든요!!!
전 그렇게 위로하며 살래요. ㅎㅎ

나에게 기적은

다시 일어서는 것이 아니라

사랑하는 아내와

하루하루를 함께하는 것입니다.

사랑하는 사람과 함께 하는 삶은

날마다 기쁨이고 기적입니다.

▥ 크리스토퍼 리브(*Christopher Reeve*)

감사의 조건

내가 가진 것이 많을 때엔, 감사할 일이 많을 때엔, 감사가 참으로 쉬웠습니다!
남편이 암환자가 된 순간에도 저는 감사할 수 있었어요.
남편은 행복한 암환자였거든요!!!

회사에서 월급도 꼬박꼬박 나왔고, 들어놓은 보험이 빵빵해서 돈 걱정 없이 치료에 전념할 수 있는 데다가 시부모님이 근처에 사셔서 아이들 걱정 없이 남편한테 딱 달라붙어 있을 수 있었답니다.
그야말로 감사의 조건들이 많았던 거지요. ㅎㅎ

저희 부부는 암 진단 후 6개월간 정말 행복한 허니문을 즐겼습니다.
그 무섭다는 암 통증이 거의 없었기에 남편은 진통제도 복용하지 않은 채로 하루하루 감사하며 투병을 할 수 있었어요!!!
남편이 그토록 하고 싶어 했던 평일 골프도 원 없이 즐겼구요.
휴양림을 찾아다니며 좋은 공기도 마셨어요.

그래서 저희 부부는 하나님께 감사할 수 있었어요~~~

"우리는 정말 행복한 암환자야..." 라며 웃을 수 있었어요!!!

그런데 지난여름...
남편의 컨디션이 점점 안 좋아지면서 감사의 조건들이 사라지게 되자 저는 자꾸 과거를 되돌아보게 되었어요. ^^;
남편이 절뚝거리며 걷기 시작할 때는 골프를 치러 다니던 한 달 전을 그리워했구요.
남편이 아예 걷지 못하고 누워 있게 되자 얼마 전에는 벽을 잡고서라도 걸을 수 있었는데 라며 한숨지었어요.
뇌전이로 인해 남편이 헛소리를 시작하자 누워 있었을망정 정신은 멀쩡했던 며칠 전이 그리웠구요.
남편이 의식 없이 누워있던 3일간은 남편의 헛소리마저 행복했었다는 걸 알게 되었습니다!!!

그리고 바로 그때, 전 제가 얼마나 어리석은 행동을 하고 있는지 깨달았어요!
왜 내가 지금 이 순간 남편이 숨 쉬고 있음을 감사하지 못하고 과거만 뒤돌아보는지, 다시 되돌릴 수 없는 과거만 들여다보고 있는지 저 자신이 참 한심했어요. ㅜ.ㅜ
지금 내가 힘들어하는 이 순간이 며칠 후면 내가 그리워하는 시간이 될 수도 있을텐데 말이지요.
그래서 저는 남편과 함께하는 1분 1초를 감사하며 행복해하기로 결심했습니다.

남편이 비록 말을 못해도, 내게 웃어주지 못해도 남편이 숨을 쉬고 있음에 감사하기로 했지요.
그리고 '내가 남편이라면, 내게 남은 시간이 얼마 없다면, 난 과연 어떤 얘기를 듣고 싶었을까?' 이런 생각을 하며 내가 듣고 싶었을 얘기를 남편에게 쉴 새 없이 들려주었습니다.
남편에 대한 사랑과 감사를 진심으로 표현했습니다.
남은 가족들을 남편 대신에 더 많이 사랑하고 더 많이 섬기겠노라고 약속했습니다.
진작 그랬으면 더 좋았을 테지만 그때라도 할 수 있었음에 저는 지금 감사하고 또 감사합니다!!!

지난 추수감사 주일에 목사님이 말씀하시더군요.
우리가 감사를 하지 않는 이유는 과거에 하나님이 베푸신 은혜를 잊어버렸기 때문이라구요.
그리고 지금 베풀어 주시는 그 은혜가 얼마나 귀한지를 모르기 때문이라구요.
〈감사하다〉라는 〈Thank〉는 〈기억하다〉, 〈생각하다〉라는 〈Think〉에서 파생된 단어라고 합니다.
정말이지 감사라는 건 예전에 받은 은혜를 기억해야만 가능한 거 같아요!!!

저는 성경을 읽을 때마다 참 화가 많이 났었어요!!!
구약성경에 나오는 이스라엘 백성들이 너무 배은망덕한 거 같아서요.
하나님이 살아서 역사하심을 눈앞에서 보았던 그들이 끊임없이 하나님을 배반하는 걸 보고는 얼마나 화가 나고 속상하던지요.
하지만 얼마 안 가서 그 이스라엘 백성들의 모습에서 저 자신의 모습을 발견하고서는 하나님께 너무 죄송하고 부끄러웠답니다. ㅜ.ㅜ

그래서 저는 그 후로 늘 잊지 않으려고 애씁니다.
하나님의 은혜를 기억하고 감사하려고 애씁니다.
내 입에서 불평의 말들이 쏟아지기 전에 감사의 말들을 하려고 노력합니다.
그러다 보니 정말 감사할 거리가 점점 더 많아지는 거 같아요.
내 삶이 변하는 게 느껴져요!!!

남편의 일 또한 그렇습니다!!!
남편이 멀쩡하게 살아있을 때는 그게 그토록 감사한 일인지 몰랐었지요.
남편이 걷고 말할 수 있다는 게 그렇게 복된 일인지 몰랐었지요.
의식 없이 쌔근쌔근 누워있던 남편의 모습마저도 넘 감사했었다는 걸 그때의 저는 몰랐습니다.

그래서 저는 지금 이 순간 감사를 선택합니다.

제가 이렇게 숨 쉬고 걷고 웃을 수 있다는 것에 감사하고, 내 아이들이 건강하게 자라고 있음에 감사하고, 양가 부모님이 건강하게 제 곁을 지켜주심에 감사하고, 함께 웃고 울어주는 지인들이 있음에 감사합니다.
참 부족한 저를 통해 많은 위로와 기도 받게 하심이 감사하고, 하나님의 함께하심이 감사합니다.

아무리 울고 울어 봐도 원통해 해봐도 결코 돌아오지 않을 남편…
그를 그리워하며 남은 시간을 흘려보내기보다는 내 눈앞에 있는 사랑하는 아이들과 부모님, 가족들, 그리고 지인들에게 더 많은 사랑을 나눠주리라 결심합니다.
그래야지만 한 달 후, 일 년 후, 십 년 후에 제가 후회하지 않을 거 같아서요.
후회와 아픔으로 이 시간을 되돌아보지 않을 거 같아서요.

지금 감사할 게 없어서 날마다 탄식하고 계신가요?
입술에 나오는 건 불평불만밖에 없으신가요?
당신이 가진 것을 바라보세요.
당신은 정말 행복한 사람입니다.
걸을 수 있고, 웃을 수 있고, 말할 수 있고, 먹을 수 있는 당신은 정말 행복한 사람이랍니다.

오늘은 너무 멀쩡하게 걷고 웃고 말하다가 하루아침에 그 모든 걸

빼앗기는 사람들도 너무 많거든요.
그런 일을 내가 당하지 말란 법이 어디 있겠어요?
저도 제 남편이 하루아침에 암환자가 되리라고는 꿈에서도 생각 못 했답니다. ㅜㅜ

그런 일은 누구에게나 올 수 있어요.
아침에 웃으면서 출근했다가 저녁에 다시 못 돌아오는 경우도 왕왕 있답니다.
아침에 웃으면서 학교에 갔다가 오후에 집에 못 오는 경우도 종종 있답니다.
밤에 잠자리에 들었다가 아침에 못 깨어나는 경우도 간간이 있답니다.

지금 이 시간 살아 있음에 감사하자구요.
호흡할 수 있음에 감사하자구요.
오늘은 어제 죽은 이가 그토록 보고 싶어 했던 바로 그 날이니까요!!!

내 남편, 내 자녀, 내 부모님, 가까운 이웃들, 그리고 내게 남은 날이 오늘 하루인 듯, 감사하며 기뻐하며 후회 없이 사랑하며 살자구요.
하루하루 감사의 조건들을 헤아리며 살자구요.

감사도 훈련이랍니다.

감사도 선택이랍니다.
감사를 선택하면 나와 여러분의 삶이 바뀌리라 생각합니다.
내 주변이 행복으로 물들리라 생각합니다.

어떠세요...
오늘부터 저와 함께 감사로 가득 찬 삶, 살지 않으시겠어요? ^^
저는 제 글을 읽는 당신이 행복하셨으면... 참 좋겠습니다!!!

촛불을 보고 감사하면
하나님은 전등을 주시고,
전등을 보고 감사하면 달빛을,
달빛을 보고 감사하면 햇빛을,
햇빛을 보고 감사하면
하나님은 밝은 천국을 주신다.

― 찰스 스펄전(*Charles Haddon Spurgeon*)

이별 그 후...

가족은 나의 힘

지난 추수감사 주일에 저희 교회에서는 예쁜 카드를 나눠주면서 평소에 감사했던 분들에게 감사의 인사말을 쓰는 이벤트를 했었는데요~
그때 저는 연로하신 시부모님이 생각나 시부모님께 감사카드를 보내드렸어요!!!

사랑하는 아버님, 어머님!
너무 멋지고 사랑스러운 남자를 제게 남편으로 주셔서
17년간 행복한 결혼생활을 할 수 있게 해주셔서 감사합니다.
이제 그 멋진 아들은 하나님 품으로 갔지만
천국 간 둘째 아들 대신 예쁜 딸이 하나 생겼다고 생각해 주세요.
아버님, 어머님! 늘 사랑하고 존경합니다!!!
오래오래 건강하게 저희 곁을 지켜 주세요.

- 이쁜 딸 승아 올림

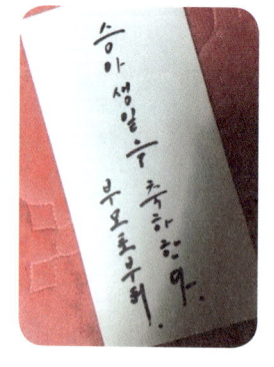
제 감사카드를 받고 많이 우셨다는 시부모님은 앞으로 제 바람처럼 시부모가 아닌 부모로서 제 곁을 지켜주시려나 봅니다!!!
시집온 지 17년이 되는 지금까지 잊지 않고 제 생일 축하금을 챙겨주신 시부모님은 이제 봉투에 '부모'라는 아름다운 단어를 써주시네요. ㅜㅜ

저 이 봉투 받고 울컥했어요.
전 정말 웬 복이 이리도 많을까요.
사람들은 말하지요. 뒷간과 시댁은 멀수록 좋다구요.
하지만 나의 시월드는 아름답습니다.
저희 가족이 10여 년 전, 남편 직장이 있는 수원에 아는 사람 하나 없이 자리를 잡자 여기저기 흩어져 있던 시댁 식구들이 하나둘씩 저희가 사는 아파트 단지에 모여들었어요.

시부모님, 시누네 가족, 형님네 가족, 모두 모두 같은 아파트 단지에서 살고 있지만 한 번도 잡음이나 불협화음으로 힘들었던 적은 없어요.
모두들 서로 도우며 행복하게 잘 지내고 있답니다!!!
남편이 없는 지금 가까이 있는 시댁 식구들은 누구보다 제 든든한 버팀목이 되어 남편의 빈자리를 확실히 채워주고 있습니다.

남편은 비록 떠나갔지만, 남편은 제게 사랑하는 가족을 남기고 갔네요.
역시 사나 죽으나 멋진 내 남편입니다!!!
사랑하는 부모가 든든히 내 곁을 지켜주고 계시고(그것도 네 분씩이나!!!), 동갑내기 형님도 있고, 예쁘고 싹싹한 손아래 시누도 있고, 듬직한 아주버님도 있고, 저 멀리 사촌 형님까지 친언니처럼 절 챙겨주니 나의 시월드는 너무나 행복하고 아름답습니다.

어디 그뿐인가요?
제겐 너무나 사랑하는 친정 식구들도 있지요~~~
생전 연락 안 하고 바쁘게 지내던 남동생은 누나가 덜컥 혼자가 되고 나니 어찌나 곰살맞게 매일 전화를 하는지 귀찮을 정도로 전화통에 불이 납니다. ㅎㅎ
사랑하는 친정 부모님도 날마다 카톡과 전화로 제 안부를 챙겨주시지요.
너같이 예쁜 딸이 있어 우린 너무 행복하다며 싹싹하지도 곰살맞지도 않은 무뚝뚝한 첫째 딸을 미안하게 만드십니다. ^^;
하나밖에 없는 올케도 늘 제게 힘이 되어 주고 있구요!!!

전 앞으로 정말 정말 돈을 많이 벌었으면 좋겠어요. ㅎㅎ
지금은 땡전 한 푼 못 벌고 있는 돈 쓰면서 살고 있지만, 나중엔 돈 많이 많이 벌어서 사랑하는 우리 부모님, 울 아이들, 남동생네, 시댁 식구들, 하나하나 챙겨주며 예쁜 거 맛난 거 가득 안겨주고 싶어요. 하나님한테도 돈 펑펑 드리고, 제 주위에 가난한 사람들도 맘껏 도와주고 싶어요.

아낌없이 주고 싶은 사람들이 참 많은 저는 이 세상에서 젤 행복한 사람입니다!!!
세상에서 가장 행복한 부자는 사랑하는 사람이 주위에 가득한 사람인 거 같아요!!!

오늘은 제가 이 세상에서 제일 행복한 부자 할래요. ^^

자신의 생각만 바꾸더면
삶을 전혀 변화시키지 않고도
행복해질 수 있는 법이다.

▥▥ 리처드 칼슨(*Richard Carlson*)

행복한 부자~

은을 사랑하는 자는 은으로 만족함이 없고
풍부를 사랑하는 자는 소득으로 만족함이 없나니 이것도 헛되도다

(전도서 5:10절)

예전에 한참 10억 만들기 열풍이 있었지요.
그때는 10억이 부자의 조건이었나 봐요!!!
그래서 10억을 위한 첫 단계로 종잣돈 1억 만들기 하는 사람들이 주위에 심심찮게 있었답니다.
돈이 얼마나 있으면 행복할까요?
10억? 20억? 30억? 그도 아니면 100억?

또 강남 아파트가 온 국민의 화두였던 적도 있었어요.
강남에 입성하면 나도 선택받은 사람이 될 거 같은 느낌...
다들 말은 안 해도 그런 생각 한 번쯤 가져본 적 있을 거예요.
대놓고 말은 하기 싫지만 말이에요!

저는 정말 감사하게도 IMF 때 양가 부모님의 도움으로 강남 30평대 아파트를 살 수 있었습니다!
(진작 팔아서 지금은 없어요!!!)
이십 대에 강남 30평대 아파트를 소유했으니 그야말로 평생의 꿈을 이룬 거였죠.
그 당시엔 정말 부러운 게 없었으니까요.
신혼 1년간 17평 아파트에 살다가 1년 만에 35평 아파트로 옮겨가니 얼마나 넓어 보이던지요!!!
아이도 없고 남편과 단둘이 사는데 35평 아파트는 제게 궁전처럼 느껴졌습니다.

근데 그 만족감은요... 딱 한 달 갔어요!
점점 더 넓어 보이던 집이 어느 순간부터는 점점 더 좁아지더니 그냥 딱 살기 좋은 정도가 되어 버리더군요~
그리고 그때부터 제 눈엔 저희 동 앞뒤에 있는 50평 아파트가 들어오기 시작했습니다.
'난 언제 50평에 갈 수 있을까?' 라는 생각이 떠오르기 시작하면서부터 저는 35평 아파트에 만족할 수 없었어요.

사람의 본성이란 그런 겁니다.
절대 자기가 가진 것에 만족할 수 없지요.
남이 가진 게 더 커 보이니까요.

사람이 돈으로 만족할 수 있으면 우리나라 재벌들이 가장 행복해야 할 겁니다.
맨날 재산 싸움 하는 얘기가 들리지 않고 행복한 소식들만 들려야겠지요.
하지만 돈을 엄청나게 가진 부자들이 다 행복하게 살고 있지는 않다는 거... 우리는 알고 있잖아요?

얼마 전에 읽은 책에 이런 구절이 있었습니다.
내가 (   )을 가지면 행복할 것이다.
저는 그 구절을 보고 '내가 과연 무엇을 가져야 행복할 수 있을까?' 하고 열심히 생각해 보았어요.
내가 소유함으로 행복을 느낄 수 있는 것들을 머리 아프게 고민해 보았습니다!!!
근데 아무리 생각해도 (   )을 채울 수 있는 게 없었어요!!!

예전이면 상황이 달랐을 거예요.
남편이 있었던 그때 저는 갖고 싶은 것이 무지 많았습니다.
강남 60평대 아파트...
최소 5층짜리 목 좋은 곳의 상가 건물...
부동산 외 현금 10억?
예쁘고 앙증맞은 수입 자동차...
사이즈 별 컬러별 샤넬 가방...
하빌랜드와 로얄 코펜하겐 디너셋트...'

네, 저는요. 갖고 싶은 것이 무궁무진했습니다.
내가 가진 것에 전~혀 만족하지 못했었지요.
저는 참 불쌍한 속물이었습니다.

근데요.
내가 가진 가장 소중한 것, 내가 절대 빼앗기고 싶지 않았던 단 하나...
남편을 잃고 나서는 그 모든 게 무의미하다는 것을 알게 되었습니다!
남편이 없는 지금, 전 제가 그토록 갖고 싶어 했던 모든 것이 짐처럼 느껴져요.
그냥 제가 가진 모든 것에 만족하고 감사합니다!!!
사람은 죽음 같은 고통을 겪고 나야 성숙해지나 봅니다.
전 남편을 잃고서야 철이 들었으니 그 수업료가 정말 너무 엄청 나네요. ^^;;;

여러분은 (   ) 안에 뭘 넣으셨나요?
제가 읽은 책에 의하면 (   ) 안에 넣을 게 없는 사람이 가장 행복한 사람이래요.
그런 사람이야말로 가장 부자라는 거지요.
더 이상 갖고 싶은 게 없기 때문에요.
저는 제 안에 하나님을 소유하고 있기 때문에 (   ) 안에 하나님을 넣을 필요도 없었어요.
전 정말 행복한 부자 맞지요? ^^

여러분은 어떠세요.
지금 갖고 계신 것에 만족하고 계신가요?
아니면 예전의 저처럼 (   ) 안에 넣고 싶은 것이 무궁무진하신 가요? ^^

없는 것을 바라보지 말고 내가 가진 것을 족한 줄로 여기는 행복한 부자가 되셨으면 합니다.
행복은 소유가 아니라 관계에 있으니까요~!
더 많이 소유한다고 더 많이 행복한 게 아니랍니다.
지금 내가 가진 것을 즐기고 만족하는 사람이 되자구요!
내 주위의 사람과 아름다운 관계 맺자구요~~~

죽을 때 가져갈 수 있는 건 사랑하고 사랑받았던 그런 기억밖에 없음을 저는 남편의 죽음을 통해 깨달았습니다.
지금 옆에 있는 소중한 사람에게 사랑한다 말할 줄 아는 행복한 사람이 되어요... 우리 ^^

돈이란 바닷물과도 같다.
그것은 마시면 마실수록 목이 말라진다.

|||| 쇼펜하우어(Arthur Schopenhauer)

가장 듣고 싶은 말, 가장 하고 싶은 말

얼마 전에 참으로 마음 아픈 일들이 있었지요.
경주 체육관 붕괴 사고와 세월호 사건... 암에 걸려 고생하던 남편이 죽은 것도 이렇게 마음 아프고 속상한데 건강하고 어린아이들을 어이없는 사고로 잃은 그 부모 마음이 어떨지... 정말 상상조차 하고 싶지 않습니다. ㅜ.ㅜ

'삶이란 게 이렇게 부질없는 것이 구나'를 뼈저리게 느끼게 한 사건들이었네요!!!

제 딸아이한테 들은 얘기인데요.
체육관 붕괴 사고 관련 인터넷 게시판에 어떤 여학생을 애타게 찾는 남학생이 있었다고 합니다.

"OO야... 왜 전화해도 대답이 없니? 어디 있는 거야... 빨리 대답 좀 해 줘! 네가 돌아오면 사랑한다고 고백하려고 이제까지 준비하고 있는데 왜 빨리 오지 않는 거니... 어서 돌아와!!!"

이별 그 후...

그리고 몇 시간 뒤 그 남학생이 애타게 찾던 여학생의 이름은 사망자 명단에서 발견되었다고 합니다!!!
이 이야기가 진실인지 아닌지는 알 길이 없으나 저는 그 얘기를 듣고 참 많이 울었어요.
그게 사실이라면 이 남학생은 평생 얼마나 후회하며 살게 될까요?
사랑한다는 말을 하지 못한 자신이 얼마나 미웠을까요?
얼마 전에 읽은 책에는 또 이런 내용도 있었습니다.
독일 나치 시대, 가스실로 가는 기차에 두 어린 남매가 있었어요.
기차 속에서 철없는 남동생은 장난을 치다가 신발 한 짝을 잃어버렸고
화가 난 누나는 동생에게
"이 바보야... 신발을 잃어버리면 어떡해?" 라고 소리쳤다고 합니다!

가스실에 도착한 두 남매는 각각 다른 곳으로 끌려갔는데 남동생은 죽고, 누나는 운 좋게 살아남았어요.
살아남은 누나는 동생의 소식을 알게 된 후 하염없이 눈물을 흘렸습니다.
어린 남동생이 마지막으로 자신에게 들은 말이 "이 바보야..." 였다는 걸 깨닫고 죽을 만큼 후회했다고 합니다.

당신이 가장 듣고 싶은 말이 무엇인가요?
당신이 가장 하고 싶은 말은 무엇인가요?

저는 "사랑해요... 고마워요..." 라는 말을 듣고 싶고, "사랑해... 감사해..." 라는 말을 하고 싶습니다.
내 삶이 어떻게 될지 내 옆에 있는 이의 삶이 언제 끝날지 그건 아무도 모릅니다.
살고 죽는 것은 오직 신의 영역입니다!!!
한 치 앞도 모르는 인생살이...
늘 맘껏 사랑하며 맘껏 감사하며 맘껏 행복해하며 살아야겠어요!!!
그리고 내가 이 세상에서 마지막으로 듣는 말이 사랑과 감사의 언어이길 바라고, 내가 사랑하는 이들이 마지막으로 듣는 말 또한 그랬으면 좋겠습니다.

사랑해요... 감사해요...
이 책을 읽고 있는 당신의 앞날을 진심으로 축복합니다.

말이 입힌 상처는
칼이 입힌 상처보다 깊다.

|||||| 모로코 속담

여행을 떠나다.

지금으로부터 7년 전, 삼십 대의 용감한 엄마는 여섯 살, 열 살 아이들을 데리고 동갑내기 형님과 장장 한 달간의 유럽여행을 떠났습니다!!!

다시 가라면 절~대 못 갈 무모한 여행...
만 네 돌이 지난 아들 손을 붙잡고 남편도 없이 남의 나라에서 한 달을 지내고 오다닛!!!
정말 무모하고 철없는 시절이었네요.

유모차를 꼭 가지고 가라는 남편 말을 들을 걸 그랬다고 여행 내내 얼마나 후회했는지 모릅니다!!!
전형적인 허약체질인 아들 녀석은 조금만 걸으면 다리 아프다고 징징대기 일쑤였지요. ^^;
하지만 열 살짜리 딸아이가 동생을 얼마나 잘 챙겨줬는지 철없는 엄마는 힘든 줄 모르고 한 달간의 여행을 행복하게 보낼 수 있었답니다!!!

남편 없이는 아무것도 못 하던 제가 '남편 없이도 살 수 있겠구나!' 느꼈던 때가 바로 그때였어요!!!
세상 그 무엇보다 남편을 가장 사랑했던 저는 남편이 제 곁을 먼저 떠나면 어쩌나 하는 불안감을 가지며 살았던 거 같아요.
남편은 늘 격무에 시달려 건강을 돌볼 틈이 없었으니까요.

하지만 사랑하는 아이들과 한 달간의 여행을 보내며 저는 남편이 없는 것에 대한 불안감을 떨쳐버리기로 결심했습니다.
혹시 먼 훗날 하나님이 내 남편을 나보다 먼저 데려가시면 남편 없이 아이들과 함께했던 이 용감무쌍한 여행을 기억하리라 생각했어요!

아무것도 소유할 수 없었던 나그네의 삶, 짐이 많을수록 부담이 되는 그 여행에서 저는 참 많은 것을 느꼈습니다.
이 땅에서의 삶도 나그네인데, 잠시 잠깐의 여행길인데...
나는 왜 그렇게 물질에 집착하고 사람에 집착하며 살고 있나 반성도 했던 것 같아요.

내가 익숙한 곳을 떠나 전혀 의지할 곳 없던 그곳에서 저는 하나님 한 분만 의지해야 함을 배웠습니다.
형제가 서로 도와주며 위로하며 살아야 함도 배웠습니다.

하나님이 내 인생의 주인이시며 나를 고아처럼 내버려두시는 분이 아니라는 걸 날마다 체험했습니다.

저는 그때 다짐했습니다.
먼 훗날 남편이 혹 나를 두고 먼저 떠나가면 이 여행을 생각해 내기로...
이 여행을 떠올리기로...!!!
남편이 본향 집에서 나와 아이들을 기다리고 있다고, 아이들과 나는 남편 없이 여행하고 있는 것뿐이라고 그렇게 생각하기로 했습니다.

그래서 저는 지금 슬프지 않습니다.
한 달간의 유럽여행 때 남편이 조금 그립기는 했지만 슬프지 않았듯이, 남편이 떠난 지금도 그리울 때 그냥 조금 그리워하기로 결심합니다.
뭐 어차피 천년만년 여행하는 사람은 없으니까요.
여행길이 제아무리 좋아도 언젠간 집으로 돌아가게 되니까요.

그러니까 저 그다지 불쌍하지 않아요. ^^
가끔 온 가족이 함께 여행하는 사람들을 보면 부러운 마음이 들지만, 그거야 뭐 잠시 잠깐인데요.
쏜살같이 흘러가는 세월 속에서 언젠간 남편을 만나게 될 건데요.

제가 지금 해야 할 일은 나그네의 삶에서 좀 더 가지려고 아등바등

하지 않을 것...
언제 떠나도 될 정도로 단순한 삶을 유지할 것...
여행지에서 Korean 대표선수로 좋은 이미지를 유지해야 했던 것처럼 하나님 나라의 백성답게 멋진 삶을 살 것...
돌아갈 본향을 늘 잊지 말 것... 등이네요^^

자... 오늘 하루도 우리 멋진 여행 되자구요!!!

행복은

현재와 관련되어 있다.

목적지에 닿아야

행복해지는 것이 아니라

여행하는 과정에서

행복을 느끼기 때문이다.

ㅣㅣㅣㅣ 앤드류 매튜스(*Andrew Matthews*)

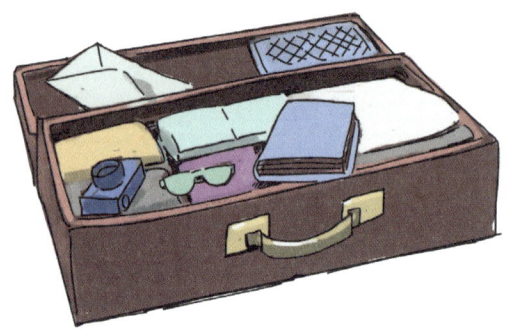

이별의 5단계

남편이 떠난 후 저는 제 버킷리스트 중의 하나인 '엄마와 단둘이서 여행하기'를 실천했습니다.

친정 아빠의 간곡한 권유와 시부모님의 든든한 후원에 힘입어 아이들은 시부모님에게 맡기고 사촌들이 사는 밴쿠버로 힐링 여행을 떠났는데요.
밴쿠버에서는 사촌 오빠의 권유로 이민에 대해서도 심각하게 고민했었답니다.
하지만 이제 그 생각은 완전히 접었어요.
남편도 없이 혼자서 애들 데리고 외국에서 살 용기가 나지 않아서요...
말이 통하고 생각이 통하는 우리 나라가 훨씬 맘 편해서요. ^^

밴쿠버에서 엄마와 좋은 시간을 보내고 집에 돌아오자 밀린 청소와 엄청난 짐 정리, 그리고 애들 밥 챙겨주는 일상들이 제 앞에 펼

쳐졌어요.
하지만 여행 내내 빈둥거리기만 하다가 집에 돌아와 바쁜 하루를 보내니 이것도 참 좋더라구요~~ ^^
할 일이 있다는 거... 내가 돌봐줘야 할 누군가가 있다는 거... 참으로 감사한 일입니다!!!

그런데 요즘 여행 후유증 때문인지 잠이 너무 늘었어요!!!
늘 저녁 8시가 되기 전에 졸음이 쏟아져 초저녁에 잠자리에 든답니다~
그러다 보니 새벽에 몇 번 깨게 되네요!
꿈도 많이 꾸게 되구요~

근데 참 이상하지요?
집에 돌아와서 제가 계속 꾸는 꿈속에서는 남편이 아직 살아 있더라구요...
그리고 남편이 살아있는 그 꿈속에서 저는 제가 아직 한 번도 하지 않은 참 이상한 짓을 하고 있었습니다!!!

제가 꿈속에서 하나님께 마구 성질을 피우고 있지 뭐예요?
한번은 하나님이 내 남편을 살려주시지 않을 거면 나는 다시는 예수님을 믿지 않겠다고 기도하다가 깜짝 놀라 잠에서 깬 적도 있었어요~
으악... 이게 무슨 일인지!!!

나는 지금까지 남편의 발병과 죽음에 대해 하나님을 한 번도 원망하지 않았다고 생각해 왔는데 제 무의식은 하나님을 마구 원망하고 있었던 걸까요?

예전에 이런 글을 읽은 적이 있습니다.
암환자나 죽음을 앞둔 사람들이 죽음을 받아들이는 데에는 5단계가 필요하다구요~

첫 번째는 그것을 부정하는 단계입니다.
어떤 사람도 자신의 죽음에 대한 선고를 쉽게 받아들이지 못하겠지요~
그래서 죽음을 심각하지 않은 것처럼 받아들이거나 자신은 꼭 회복될 거라고 믿는다는군요.

그리고 그다음으로 분노의 과정을 거칩니다.
왜 내가 이런 병에 걸렸는지, 많고 많은 사람들 중에 왜 하필 나인지, 왜 내가 죽어야 하는지 분노하게 된다는군요.
그 분노는 자신에 대한 것일 수도, 가까운 가족에 대한 것일 수도, 그리고 신에 대한 것일 수도 있다고 합니다.

셋째는 타협의 단계입니다.
이 단계에 이르면 많은 사람들이 신과 약속을 하기도 한답니다.
나를 살려주면 이렇게 저렇게 살겠습니다... 이런 약속들이요.

제 남편과 저도 이런 과정을 거쳤네요.
하나님의 말씀인 성경을 읽으면 병이 나을지도 모른다는 생각에 성경을 열심히 읽게 했고
(실제로 제가 읽은 책에 성경 읽고 암이 나은 사람도 있었으니까요.^^;),
이 병만 고쳐주시면 평생 하나님의 은혜를 간증하며 살겠다고 서원하는 등등 하나님께 무수한 언약의 맹세를 했었지요~

그다음으로 병세가 깊어지면 우울의 단계가 옵니다.
남편이 걷고 말하고 뛸 수 있었을 때엔 우리에게 희망이 있었지만, 침대에 누워 있게 되고 하루가 다르게 체중이 빠졌을 때 우리는 절망감 속에서 허우적댔습니다.
입으로는 희망을 얘기했지만, 마음속 깊은 곳에서는 절망을 부르짖고 있었는지도 모르겠습니다.
하지만 그 모든 과정 중에 하나님이 계셨기에 우리는 우울의 강도 쉽게 건널 수 있었습니다!

그리고 마지막으로 수용의 단계가 옵니다.
남편은 내 앞에서 절대로 죽음을 얘기하지 않았습니다.
죽음을 수용한 기색이 전~혀 없었습니다.
그런데 떠나가기 3일 전쯤, 남편은 제가 아닌 사촌 형님에게 자신의 죽음에 대해 이야기했다고 합니다.
자기는 이제 곧 죽을 거라고 장례 준비를 부탁했다고 합니다.

지금 생각해 보니 화니는 분노를 제외한 모든 단계를 조금씩 다 거쳐 갔던 것처럼 보입니다.
아니, 또 모르죠.
혼자서만 분노의 단계를 참아냈을지도 몰라요.
하지만 어찌 됐든지 그는 입술로 분노를 표시하지 않았습니다!
언제나 그랬듯 환한 웃음과 긍정적인 말로 제게 용기를 주었어요!!!

그래서 저는 참 감사합니다.
떠나가면서 온갖 정을 떼놓고 갈 수도 있었을 텐데 끝까지 예쁜 모습 보여 준 내 남편을 존경하고 사랑합니다.
그는 아무리 생각해도 참 멋진 남자, 참 좋은 남편이었습니다.

죽음에 이런 5단계가 있다면 사랑하는 사람을 떠나보낸 이들에게도 이별의 5단계가 필요하겠지요?
저는 지금 제가 어느 단계인지 잘 모르겠습니다.
어떤 때는 1, 2, 3, 4단계를 훌쩍 뛰어넘어 5단계인 수용 단계에 와 있는 듯하다가 어떤 때는 남편의 죽음을 부정하는 1단계에 머물러 있는 듯해요.
어떨 때는 나 혼자 두고 먼저 간 남편이 마구 미웠다가 또 어느 때는 사랑하는 남편 없이 혼자 보내야 하는 내 삶이 불쌍해서 우울하기도 합니다.
하지만 그 어느 단계에서도 위험할 정도로 깊이 빠졌던 적이 없었고, 하나님을 원망하거나 하나님께 분노를 쏟아낸 적은 더더욱 없었는데 꿈속의 제 모습이 참 당황스럽고 기가 찹니다.

꿈보다 해몽이라니까 저는 이렇게 생각 할래요~
하나님을 원망하고 미워하는 이 상황조차 제게 필요하기 때문에 하나님이 꿈속에서나마 분노를 해소하게끔 만들어 주신다라구요.

며칠 전엔 거의 9개월 만에 미장원에 갔는데요.
단골 미용사가 그러더라구요.
제 머리숱이 엄청 많이 줄었다구요.
몇 달 전에 머리카락이 갑자기 빠졌는지 잔머리가 삐죽삐죽 자라고 있다구요.
저는 아무리 아니다 아니다 해도 제 몸과 마음이 받은 스트레스는 정말 엄청난가 봅니다!!!

저는 얼른 안정된 수용의 단계에 도달했으면 좋겠어요.
남편의 죽음을 있는 그대로 수용하고 앞으로의 내 삶을 아름답게 잘 조율해 나갔으면 좋겠어요!!!
그러려면 저 자신에게 조금은 시간을 주어야겠지요?
그리고 나 자신을 좀 더 사랑하고 보듬어 줘야겠어요.
  '수고했다. 사랑한다. 널 이해한다...' 라고 계속 토닥여줘야겠어요.
남편이 그래 주었듯, 남편 대신 이젠 내가 나 자신을 예뻐하며 살아야겠어요.

그런 다음 현실을 똑바로 직시할래요!!!
남편의 죽음을 자꾸 부정하는 대신 남편 없이도 살 수 있는 강한 나 자신이 되게끔 단련시켜야겠어요.
하나님이 함께하시면 내가 이 모든 고난 속에서도 정금같이 되어 나올 줄 믿어요!

수 마일의 거리가
당신과 친구를
떼어놓을 수도 있다.
하지만 사랑하는 누군가와
정말 함께 있고 싶다면
이미 거기 가 있지 않겠는가?

─ 리처드 바크(*Richard Bach*)

이별 그 후...

니가 없는 내일의 세상

나 없이 내일이 시작될 때…

(데이비드 M. 로마노)

나 없이 내일이 시작될 때 내가 거기에 없을 때
태양이 떴는데 그대의 눈이 나 때문에 눈물 젖어 있다면
우리가 서로에게 말하지 못한 수많은 것들을 생각하며
오늘처럼 그대가 울지 않기를 정말로 바라고 있다오.

내가 그대를 사랑하는 만큼
그대가 얼마나 나를 사랑하는지 안다네.
내 생각을 할 때마다 나를 그리워하리라는 것도.
하지만 나 없이 내일이 시작되더라도 이것을 이해해 주기를 바라오.

천사가 와서 내 이름을 부르고 내 손을 잡고서 말해 주었다네,
저 위의 천상에 내 자리가 준비되었다고.

내가 사랑하는 모든 이들을 이제는 남기고 가야 한다고.

하지만 돌아서면서 나는 눈물을 떨구었다네.
나는 죽고 싶지 않다고 평생 동안 생각해 왔었기에.
살아야 할 이유와 해야 할 일들이 아직 많은데,
그대를 떠난다는 것이 거의 불가능하게 느껴졌다네.

(중략)

그러하기에 이제는 나 없이 내일이 시작되더라도
우리가 떨어져 있다고 생각지 말아 주오.
그대가 내 생각을 할 때마다 나는 바로 여기, 그대의 가슴 속에 있을 테니까.

- 니가 없는... 내일의 세상

자기야...

자기가 눈물 한 방울 떨구며 떠났던
그 믿기지 않는 어제가 지나고
나는 당신의 빈자리와 기억을 껴안으며
오늘을 살고 있어.

오늘은 자기가 보지 못하는 내일의 세상이지…
자기가 나와 함께 하지 못하는 내일의 세상이지…

째깍째깍…
니가 없는 나의 세상이 잔인하게 흘러간다.

내일의 세상이 너무나 버거울 때
자기가 없음에도 태양이 무정하게 떠오를 때
당신은 내가 울지 않고 웃으며 살길 바라겠지만
난 오늘도 눈물로 너를 기억해.

나의 눈물과 나의 슬픔이 자기를 아프게 하지 않길 바라며
난 내일의 세상 속으로 걸어가.

자기를 데려가신 신이 내게 말씀하셨지.
"네 남편은 나와 함께 영원을 살고 있다.
아픔도 눈물도 없는 영원의 오늘을 살고 있다.
그러니 너 또한 나와 함께 동행하지 않겠는가?
내가 네게 부탁한 사랑과 축복의 삶을 살면서…"

그래… 자기야…
자긴 영원한 오늘을 살고, 나는 당신이 없는 내일의 세상을 살고
그러다 보면 당신과 나… 언젠가 만나겠지.

우리에겐 같은 이름의 신이 있으니...

나... 열심히 살아갈게.
당신이 없는 내일이 시작되어도 당신이 여기에 없어도
벅차고 설레는 마음으로 오늘의 태양을 바라볼게.
목숨보다 사랑했던 당신이 꿈꾸었을 내일을
나 행복하게 그려 나갈게.

사랑해... 자기야... 영원히 사랑해...
이제 우리 웃으며 살자.
난 이곳에서, 당신은 그곳에서
우리가 꿈꾸었던 내일의 세상을 살자.

by Hwanyhoney

epilogue

이 별... 일 년 후...

이 책을 출판할 때쯤이면 사랑하던 내 남자가 제 곁을 떠난 지 이제 1년이 되었겠네요.
많은 분들이 제가 어떻게 지내고 있는지, 아이들이 잘 생활하고 있는지 걱정하며 안부를 물으시는데요.
저희 가족은 생각보다 무지 잘 지내고 있습니다.
그래서 산 사람은 어떡하든지 살아가게 되어 있다고 하나 봐요.

여전히 그가 없다는 사실이 가슴 한구석을 찌르르하게 만들긴 하지만, 전 새로운 행복을 찾으려 노력 중입니다.
예전부터 배우고 싶었던 그림도 배우고 있구요. 건강을 위해서 꾸준히 근력 운동도 하고 있어요. 남편이 챙겨 주지 않으면 절대 먹지 않던 영양제도 꼬박꼬박 먹고 있구요.

내곁에
아빠가

비록 그는 지금 내 곁에 없지만, 더 많이 웃고, 더 많이 사랑하고, 더 많이 감사하며 하루하루를 살다 보면 그가 없는 세상도 충분히 살 만하리라 기대합니다.

후회 없이 사랑하고 사랑받았기에 이제 전 이 책과 함께 그를 떠나 보낼래요.
그리고 남은 생도 후회 없이 사랑을 나눠주며 살 거예요.
사랑하는 아이들, 가족들, 그리고 내 주위 모든 사람들에게요…

사랑합니다. 축복합니다…
오늘이 당신 인생에 가장 행복한 날이 되시길 기도합니다…
이 책을 읽는 당신도 후회 없이 치열하게 사랑하며 사시길 소망합니다…
당신 곁에 있는 사람들과 이 땅에서의 천국을 즐겁게 누리시면서요~ ^^

가을을 기다리며… 승아

첫 번째 이야기

만남

모든 사랑의 끝에는 엉뚱한 사람에게 굿나잇 키스를 하게 된다.
|||| 앤디 워홀(Andy Warhol)

첫 만남

우정이 바탕이 되지 않은 모든 사랑은
모래 위에 지은 집과 같다.
|||| 엘라 휠러 윌콕스(*Ella Wheeler Wilcox*)

인생은 스스로 되풀이 하면서 변화하는 모습의 연속이 아닐까?
|||| 앤디 워홀(*Andy Warhol*)

운명의 하숙집
나 이제 많이 늙었나 보다...

인생에 있어서 최고의 행복은 우리가 사랑받고
있음을 확신하는 것이다.
┉ 빅터 위고(*Victor Hugo*)

사랑하는 것은 천국을 살짝 엿보는 것이다
┉ 카렌 선드(*Karen Sunde*)

말 하나가 삶의 모든 무게와 고통에서 우리를
해방시킨다. 그것은 사랑이다.
┉ 소포클레스(*Sophocles*)

사랑에 대한 여자의 열정은 전기 작가의 열정을
훨씬 뛰어넘는다.
┉ 제인 오스틴(*Jane Austen*)

나에게도 남편이 있으면 좋겠다.
나는야 꿀단지...

남편의 핸드폰
2010. 12. 14. 내 남자의 생일에...

어리석은 자는 멀리서 행복을 찾고, 현명한
자는 자신의 발치에서 행복을 키워간다.
▥ 제임스 오펜하임 (*James Oppenheim*)

떠났네 훌훌 밤에게서 별을 낮에게서 해를
가져갔네. 떠났네, 이제 내 마음에는 구름밭이
남았네.
▥ 알프레드 테니슨(*Alfred Tennyson*)

남편의 십계명   다시 태어난다면 당신은?

두 번째 이야기
투병

인생은 3막이 고약하게 쪼여진 조금 괜찮은 연극이다. (인생의 3막에서 주인공은 숨진다)
▥ 트루먼 카포트 (Truman Capote)

작은 변화가 일어날 때 진정한 삶을 살게 된다.
▥ 레프 톨스토이 (Lev Tolstoi)

어느 날 갑자기   행복한 남자, 행복한 여자

성숙 하다는 것은 다가오는 모든 생생한 위기를
피하지 않고 마주하는 것을 의미한다.
▥ 프리츠 쿤켈(Fritz Kunkel)

인생을 어떻게 살지 배워야 할 필요를 더욱
깨달아야 한다. 왜냐하면, 인생은 매우 빠르고,
때론 너무 순식간에 지나가기 때문이다.
▥ 앤디 워홀(Andy Warhol)

오래 살기를 바라기 보다 잘 살기를 바라라.
▥ 벤자민 프랭클린(Benjamin Franklin)

영원히 살 것처럼 꿈꾸고 오늘 죽을 것처럼
살아라.
▥ 제임스 딘(James Dean)

너무 많은 사랑의 빛   힘내세요... 당신은 할 수 있어요!!!
5월 맞이 성가대 복귀   지금 만나러 갑니다.

228

우리 모두는 인생에서 변화할 기회라 할 수 있는 큰 변화를 경험한다.
IIII 해리슨 포드(Harrison Ford)

애벌레가 세상의 끝이라고 부르는 것을 우리는 나비라고 부른다.
IIII 리처드 바크(Richard Bach)

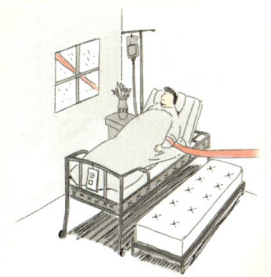

죽음은 가장 두려운 존재이지만 우리와는 관련이 없다.
우리가 있는 동안은 죽음은 존재하지 않고 죽음이 존재하면 우리가 존재하지 않기 때문에.
IIII 에피쿠로스(Epikuros)

하프타임 - 인생의 절반   남편이 울어요...
  그래도 포기는 없다.

너희는 마음에 근심하지 말라
하나님을 믿으니 또 나를 믿으라
|||| 요한복음 14:1

그러므로 내일 일을 위하여 염려하지 말라
내일 일은 내일 염려할 것이요
한 날 괴로움은 그 날에 족하니라
|||| 마태복음 6:34

여호와의 오른손이 높이 들렸으며
여호와의 오른손이 권능을 베푸시는도다
내가 죽지 않고 살아서
여호와의 행사를 선포하리로다
|||| 시편 118:16-17

우리가 다시 만날 그 날까지 행복한 여정이
되기를 어떤 길은 기쁘고 또 어떤 길은 우울
하니 그것이 의미 있는 길을 가는 법이지
이제 기쁜 길을 떠나길
|||| 데일 에반스(*Dale Evans*)

2013년 9월 21일 요양병원에서의 마지막 밤에...
　　　　내 것이 아닙니다.　10월 6일 마지막 여행

마지막 이야기
이별 그 후...

장의사마저도 우리의 죽음을 슬퍼해 줄 만큼
훌륭한 삶이 되도록 힘써야 한다.
∭ 마크 트웨인(Mark Twain)

이별의 아픔 속에서만 사랑의 깊이를
알게 된다.
∭ 조지 엘리엇(George Eliot)

남편 없이 살아가기...   선물

죽음은 죽지 않는 유일한 것이다.
|||| 존 페인(John L. Payne)

행복을 얻을 수 없는 한 그래도 우리는
행복을 가지고 있다.
|||| 뉴턴 타킹턴(Tarkington, Newton Booth)

행복은 입맛춤과 같다. 행복을 얻기 위해서는
누군가에게 행복을 주어야만 한다.
|||| 디어도어 루빈(Theodore Issac Rubin)

너희는 마음에 근심하지 말라
하나님을 믿으니 또 나를 믿으라
내 아버지 집에 거할 곳이 많도다
그렇지 않으면 너희에게 일렀으리라
내가 너희를 위하여 처소를 예비하러 가노니
가서 너희를 위하여 처소를 예비하면
내가 다시 와서 너희를 내게로 영접하여
나 있는 곳에 너희도 있게 하리라
|||| 요한복음 14:1-3

              그 남자 그 여자의 이야기
            별에서 온 그대, 별로 떠난 그대...

아들아 쏘리!!! 하나님 땡큐!!!
주인에게 돌아가다.

나에게 기적은 다시 일어서는 것이 아니라
사랑하는 아내와 하루하루를 함께하는
것입니다. 사랑하는 사람과 함께 하는 삶은
날마다 기쁨이고 기적입니다.
|||| 크리스토퍼 리브(Christopher Reeve)

촛불을 보고 감사하면 하나님은 전등을
주시고, 전등을 보고 감사하면 달빛을,
달빛을 보고 감사하면 햇빛을, 햇빛을 보고
감사하면 하나님은 밝은 천국을 주신다.
|||| 찰스 스펄전(Charles Haddon Spurgeon)

자신의 생각만 바꾼다면 삶을 전혀 변화시키지
않고도 행복해질 수 있는 법이다.
|||| 리처드 칼슨(Richard Carlson)

돈은 바닷물과도 같다.
그것은 마시면 마실수록 목이 말라진다.
|||| 쇼펜하우어(Arthur Schopenhauer)

     짝   감사의 조건
가족은 나의 힘!!!   행복한 부자~

말이 입힌 상처는 칼이 입힌 상처보다 깊다.
|||| 모로코 속담

행복은 현재와 관련되어 있다.
목적지에 닿아야 행복해지는 것이 아니라
여행하는 과정에서 행복을 느끼기 때문이다.
|||| 앤드류 매튜스(*Andrew Matthews*)

수 마일의 거리가 당신과 친구를 떼어놓을
수도 있다.
하지만 사랑하는 누군가와 정말 함께 있고
싶다면 이미 거기 가 있지 않겠는가?
|||| 리처드 바크(*Richard Bach*)

가장 듣고 싶은 말, 가장 하고 싶은 말   여행을 떠나다.
　　　　　　　　　이별의 5단계   니가 없는 내일의 세상